*Educa sin estrés*

Primera edición: marzo de 2020



Editorial Toromítico • Padres y Educadores
Edición de Antonio Cuesta
Corrección de José López Falcón
www.editorialalmuzara.com
pedidos@editorialalmuzara.com - info@editorialalmuzara.com

Imprime: Black Print

IBIC: JNC; JNH; VFX
THEMA: JNC; VFX; PSAN
ISBN: 978-84-15943-81-5
Depósito Legal: CO-260-2020
Hecho e impreso en España - *Made and printed in Spain*

FERNANDO ALBERCA

# *Educa sin estrés*

TOROMÍTICO

A nuestra hija Rocío:
inteligente, buena, responsable,
madura y cariñosa, generosa y fuerte,
grande y segura.

# *Índice*

El estrés surge al intentar hacer algo importante cuando tendrías que estar haciendo otra cosa inaplazable o sientes que ambas ya tenían que estar hechas: desear estar en dos sitios a la vez e intentarlo.

Me dijo una niña de seis años: «*El estrés es muy malo, hace que mi padre no se porte como mi padre*».

# QUÍTALE ESTRÉS

# 1. NO TE ESTRESES, EDUCAR NO ES TAN DIFÍCIL. LA EDUCACIÓN ES TAN IMPORTANTE QUE NO HAY QUE COMPLICARLA

> «¡Qué difícil es esto de educar! Uno hace lo mejor que cree y puede, y luego las cosas salen como no se pensaba. ¡Esto es muy complejo!»
> (Laura, madre)

No te estreses. No te preocupes, no te agobies. Lo que pasa es normal. Habrá que solucionarlo o esperar a que pase, depende. Pero, en todo caso, tiene solución y no eres culpable, aunque lo hubieras podido hacer mejor. Eso ya no importa, lo que importa es qué hacer ahora y no bloquearse por el resultado ni por su análisis. Hacen falta menos psicólogos que padres y madres con defectos que quieran mucho a sus hijos con defectos también. No te estreses.

El estrés es la impotencia que se siente cuando se acumula más de una cosa y no se puede hacer. Pensar que en un momento y lugar deberíamos estar en otro lugar y momento, y querer resolver los dos a la vez, algo imposible. Eso genera una explosión en nuestro cerebro, como el choque de dos vehículos que se saltaran los semáforos porque estos no funcionan y ambos estaban en verde. Entonces el sistema nervioso que estalla por la impotencia y la insistencia terca de que deberíamos estar haciendo las dos a la vez, sin priorizar ninguna y ninguno de los vehículos colisionados cede el paso.

El estrés no sirve para nada bueno. No ayuda a nadie y destruye o incapacita lo mejor de todos.

En educación es fácil por todo lo dicho estresarse: tener que hacer muchas cosas a la vez y no poder hacer calmadamente ninguna. Es desde luego al menos para agobiarse, puede pensarse. Pero eso es solo porque suele mirarse la educación como quien mira un cuadro por partes. En nuestra cultura gusta descomponer las cosas: analizarlas hasta que cada parte adquiere una relevancia tan crecida por separado que se hace insoportable el conjunto. Pero la educación, como la realidad, aun teniendo aspectos muy diferentes, no es tan compleja. Es un todo único que hay que mirar como único y actuar en consecuencia con todo a la vez. Todo lo que somos y es el hijo/a.

Pongamos un ejemplo: la educación es como beber un vaso de agua. Nadie bebe un vaso de agua delante de un niño teniendo en cuenta:

—He de beberlo con cuidado de no derramarlo.

—Debo poner correctamente la lengua en la cavidad bucal para que su posición no entorpezca el paso del agua, pueda atragantarme o toser.

—Debo tragar el agua sin miedo a que esté demasiado fría, demasiado caliente, incluso sin necesidad de comprobarlo antes. Intuyo que estará templada, natural, del grifo o de la botella, a temperatura sin riesgo, sin temer sobresalto.

—Mi hijo me está mirando y he de enseñarle de dónde y cómo se cogen los vasos para beber.

—Debo preguntarle si él o ella desea también beber, para educarle en la cortesía de estar pendiente de los demás y no disfrutar de algo sin asegurarse de que a nuestro alrededor alguien carece de lo mismo que nosotros podamos ofrecerle.

—No debo hacer ruido al tragar.

—¿Debo hacer alguna referencia ante él/ella sobre los niños que no tienen fácil beber y la conveniencia de que él se sienta agradecido por poder beber cuando tiene sed?

—¿Podría aprovechar para explicarle por qué hay aguas mejores y peores, y en qué elementos se diferencia?

—¿Debo aprovechar para explicar la conciencia y la sensibilidad ecológica que creo que deberá adquirir respecto al agua y el cuidado que ya puede tener?

—¿Debo enseñarle cómo se dice *agua* en inglés y francés (o en sueco, que también lo sé), o al menos en español si es pequeño?

—Debo ser consciente de que está fijándose al terminar cómo lo recojo todo, si lavo el vaso o lo pongo en el lavaplatos, si cierro con cuidado y adecuadamente el lavavajillas o si lo dejo en el armario después de secarlo, boca abajo mejor...

Podríamos seguir sin fin. Porque beber un vaso de agua también es una operación que podríamos analizar desde el punto de vista educativo y complicarse.

Todo lo analizado antes en el acto de beber un vaso de agua se concentra en verdad en el hecho de bebérselo ante un niño/a; sin embargo, lo bebemos de una vez sin preocupaciones. Lo hacemos sin preocuparnos demasiado. Porque en educación las cosas salen mejor de lo que se temen, porque no hay que llegar a todo siempre y porque de las tres mil ocasiones que al menos vamos a tener de educar a la semana, basta con que eduquemos bien tres o cuatro para que nuestro hijo/a grabe lo que hicimos bien para educarle, que eso sí que es algo de peso extraordinario.

Agobiarse por hacerlo todo con intencionalidad educativa es no contar con la inteligencia, la bondad del hijo o hija, con nuestras limitaciones ni con la oportunidad de repetición y rectificación que volveremos a tener.

Las cosas necesarias, cuanto más lo son, menos deben complicarse. Como la educación y el agua.

## 2. LA SIMPLIFICACIÓN EDUCATIVA DE PADRES Y MADRES ASEDIADAS POR EL ESTRÉS

Este libro pretende dar oxígeno a todos los padres y las madres que quieren ser buenos y son imperfectos. Tienen lo mejor: aman a sus hijos. Más que a ellos mismos incluso, como demuestran en el día a día. No abarcan lo inabarcable y no logran la sensación de llegar a todo, ni siquiera llegar bien a la mayoría.

El problema está en tanto análisis educativo. Uno se acerca a una librería o a los miles de blogs, webs y espacios en red (en-redándose) de internet y encuentra miles de consejos para educar en:

— la personalidad,
— el sueño,
— la comida sana,
— la conducta,
— la asertividad,
— la tolerancia,
— la convivencia,
— las habilidades sociales,
— la creatividad,
— la memoria,
— la eficacia,
— el rendimiento,
— el juego,
— el ajedrez,
— el deporte,

— la custodia compartida,
— la relación familiar,
— la...

Y uno puede sentirse asediado y concluir que tampoco aquello que lee en aquel momento, como lo que leyó ayer, lo hace bien.

Este libro es para recordarles lo mucho que ya hacen bien. La mayoría, lo más importante: querer. De ese querer cuelga en verdad la educación mejor. Hay un exceso de análisis y si analizamos parcialmente cualquier cosa compleja, con partes, como la vida, el resultado es que siempre nos parecerá que falta más por hacer que lo que llevamos acertado y haremos nunca.

El problema está en el análisis. Nos sobra análisis y estrés, y nos falta síntesis, cariño a veces y visión global siempre.

Ya somos los mejores padres y madres que tienen nuestros hijos. Nadie en la historia de la humanidad puede serlo mejor que cada una y uno de nosotros. Porque somos en realidad sus padres y madres de cada día real. Y estoy teniendo en cuenta al escribir esto todas las posibilidades: permutaciones y combinaciones familiares.

Somos los mejores y podemos aún seguir mejorando. Pero nadie puede hacer mejor de nosotros que nosotros mismos. Y nuestros hijos e hijas nos quieren por lo que los queremos y la satisfacción que somos capaces de generarles al mejorar ellos mismos.

La educación es simplemente intentar mejorar una versión ya excelente de ellos y nosotros, también con imperfección.

El problema es que nos han vendido demasiadas veces que el ser humano está partido:

— Cuerpo y alma, como si fueran dos componentes separados.
— 84 áreas cerebrales actuales, continuando el mapa de Brodman (el área de Wernicke, de Broca, orbitofrontal, etc.).
— 2 hemisferios cerebrales: derecho e izquierdo, restando

protagonismo a la unión de ambos por el supercuerpo calloso, que parece mirarnos como diciendo: «yo lo sostengo y hago que todo sea un único cerebro y vosotros seguís empeñados en mirar si sois creativos o lógicos, cuando sois exactamente todos ambos». A nadie le falta un trozo de cerebro y si así fuera —como ha ocurrido a lo largo de la historia en distintas patologías—, entonces sabemos por experiencia humana y médica que «la función hace al órgano» (una «ley» médica que se dedujo al observar cómo un área cerebral muerta, en disfunción o inexistente, es sustituida en su función por otra y ya está), como si la vida y su creador quisiera dejar claro que el ser humano es el que importa, no sus 2 hemisferios ni sus 84 áreas cerebrales.

— 8 inteligencias múltiples de Gardner: como si cuando operáramos desde la habilidad lógico-matemática no creáramos o imagináramos en el mismo microsegundo; o como si cuando operamos con nuestra habilidad musical no calculáramos lógicamente al mismo tiempo. Acaso la habilidad interpersonal no se da al tiempo que la interpersonal (¿no conocemos mejor nuestros sentimientos cuando los estamos expresando a alguien?).
— Teoría y práctica: como si pudiéramos acertar sin unir ambas.
— Real o imaginado: como si un deseo no fuera real y tuviera una implicación real. A veces incluso determinante en lo que se convierte en realidad. En muchas enfermedades incluso se sabe el efecto real en el proceso de curación que tiene la curación que se imagina.
— Cabeza y corazón: como si estuviera en dos zonas distintas y en dos tiempos distintos. Como si fuéramos dos seres en uno. Uno de ellos un lastre para el otro, en lugar de su aliado siamés y necesario.
— 3 tiempos: pasado, presente y futuro, como si no se dieran todos en uno solo. Como si aquel niño que fuimos se hubiera perdido o pudiera acaso perderse. Nada se pierde, todo sirve: también para llorar con lágrimas

que atesoran nuestro corazón y lo hacen grandioso ahora y siempre. Pudiendo incluso verse ese niño y adolescente en lo que somos ahora. Somos siempre el único que somos.

— Hombre y mujer: ser humano.
— Raza negra, blanca, amarilla, afroamericana...: solo existe una única raza humana creada igual, la pigmentación de la piel es tan accidental como el pelo y, si apuramos, el coche que se usa, si se usa.
— TDAH, síndrome de Down, dislexia, retraso madurativo, alta capacidad...: todo es el alumnado real que uno tiene delante y la obligación de implicarse vitalmente para ayudar a desarrollarse personal e integralmente como docente.
— Blanco o negro: como si no supiéramos aún que el blanco de un objeto es la repulsa de todos los colores radiados hasta ese objeto, y el negro la mezcla de todos.
— Luz o tinieblas, bien o mal, bueno o malo, odio o amor, guerra o paz: como si no hubiéramos aprendido aún de la filosofía clásica —y la teología— que las tinieblas solo son la ausencia de luz y el mal no tiene entidad, sino solo la ausencia de bien. Como el odio la ausencia de amor y la indigna violencia la ausencia de digno respeto, la guerra la ausencia de paz, etc.

Y a menudo nos fiamos de una visión falsa, producto de un exceso de análisis parcial, segmentado hasta perder el sentido, que nos ha distorsionado la visión. Que nos ha originado una forma de afrontar los problemas educativos, influidos por esa visión norteamericanizada del «tú puedes» antes de reconocer logros, una visión superficial, académica, utilitarista, parcial y fría de la realidad, que debemos superar si queremos ser felices. Amar *y* ser amado es la única realidad que debemos atender. Ni siquiera amar *o* ser amado, sino ambas: la unidad de ambas acciones que conforman la felicidad.

Eso es, la unidad, unidad nos falta, unidad de criterio, de vista, de enfoque, de esperanza. Unidad de una vida que se juega a cada segundo, que no le importa mirar atrás o adelante, pero sin caerse por no mirar el suelo que se pisa ni el cielo que nos cubre: ahora, en este único momento presente, uno, unido a lo que queremos y a lo que fuimos.

Descomplicarnos —ser uno— es lo que necesitamos para evitar estrés, para educar mejor y para ser todos más felices.

Claro que estamos hechos de partes; o lo que es lo mismo, claro que somos complejos. Pero actuamos con un criterio hacia un fin y con un ánimo y buscando una felicidad en nuestra única vida que vivimos nosotros con el único modo que solo nosotros podemos vivir al ser únicos y nadie poder vivir por nosotros la vida que es nuestra y de la que somos responsables.

Ser padre y madre es por eso, una sola cosa: amar y ser amado, y esto lo llena todo, llena nuestro espacio único, por entero.

La felicidad tiene que ver con esta unidad de nuestra vida y con descomplicarnos al vivir y al ver las cosas, los problemas peores también en una vida esperanzada. Tenemos todo lo necesario o está a nuestro alcance.

Una alumna, Victoria, a la que tengo el honor de dar clase este año en segundo curso de Magisterio en la Universidad de Córdoba me dijo que había aprendido para siempre una gran lección en la asignatura (Orientación Educativa) que le impartía.

—*¿Qué?* —le pregunté.
—*Lo de la fotografía de Jaime.*

Se refería al día en que llegué, al hablar de la Atención a la Diversidad —es decir, cómo atender a todos, cada uno/a en su singularidad— y les proyecté ante todos una fotografía de un niño, Jaime, pequeño o grande según se vea, excelente persona.

—*¿Qué tres rasgos principales veis de este niño que se llama Jaime?* —les dije.

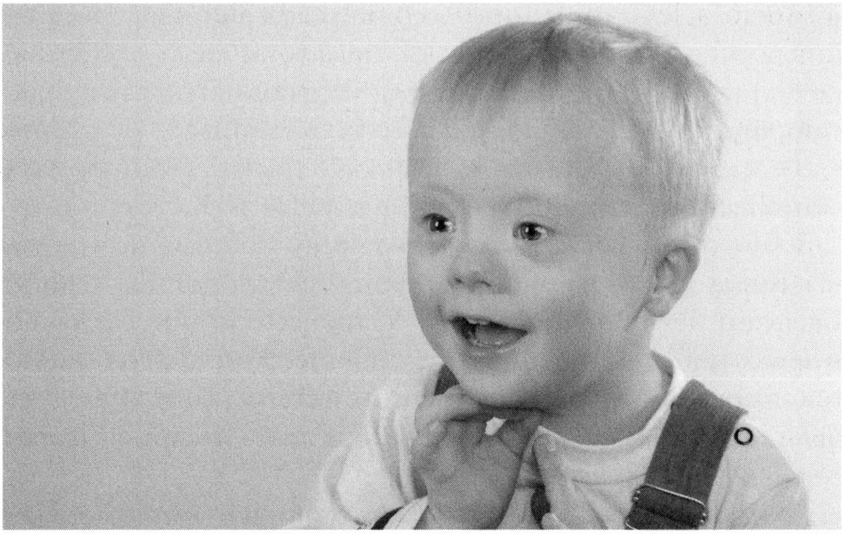

Sus respuestas literales fueron:

—*Un niño con síndrome de Down* —dijo Jesús.
—*Con pelo rubio* —añadió Luisa.
—*Con el pelo corto y sus manos pequeñas* —sumó Pedro.
—*Simpático y tierno* —quiso acertar José.
—*¿Cuáles son los tres rasgos principales?* —repetí concretando la pregunta para provocar nuevas intervenciones.
—*Un alumno de Infantil* —probó con dudas Gemma.
—*Un niño a quien hay que hacerle una adaptación curricular* —dijo siendo práctica Carmen.
—*Un niño sonriente* —se acercó mucho más Auxi.

Les había explicado durante una semana el milagro de cada persona y les había dado incluso una definición propia de lo que era una persona: «Ser único, racional y emocional, con inteligencia humana, voluntad, libertad, capacidad de amar y ser amado, singular y sociable, abierto a la trascendencia de la realidad, con consciencia y subconsciencia, pasado, presente y futuro, creado con elementos materiales e inmateriales, capaz de producir y crear igualmente efectos materiales e inmateriales, con tendencia a la unidad y a la felicidad, y con infinitud al trascender la propia vida... para siempre».

Además, les había insistido en que cada alumno y alumna, mucho más importante que ser nuestro alumno o alumna, es una persona: única, milagrosa, diferente, irrepetible, que completa la humanidad y perfecciona la clase —sea como sea—, con oportunidades de acierto y felicidad, ella y nosotros con ella. Por eso pude decirles que todos se habían equivocado de tal forma que en un examen ese error les acarrearía el suspenso de la asignatura (que no suele suspender nadie). La razón, les expliqué, es que lo que tenían que ver como maestros es algo descomplicado, simple, nada descompuesto o analizado por partes, sino en un todo sin complicarse; es decir, debían ver una persona, lo que conllevaba ver en Jaime:

- —un ser único, irrepetible en toda la historia;
- —con inteligencia humana;
- —con voluntad y libertad;
- —con capacidad infinita de amar;
- —con capacidad infinita de ser amado por su familia, sus amigos y su profesorado, entre otros muchos… el resto de la humanidad;
- —un ser humano singular y sociable;
- —abierto a trascender lo que hace cada día, ve, huele, toca, dice, siente, piensa y lo que cada día aprende;
- —con un pasado que explica muchas cosas, un presente comprometedor y un futuro motivante;
- —creado, formado de elementos materiales y espirituales, no materiales;
- —capaz de generar productos inmateriales —sentimientos por ejemplo— y materiales, completando lo ya creado en el universo entero;
- —con tendencia a obrar con todo lo que es en cada acción concreta y en un momento, lugar y circunstancias igualmente concretas; él, en la única vida que tiene y ha de aprovechar, en su existencia única;
- —con tendencia a ser feliz, infinitamente feliz, yendo con su vida mucho más allá de su propia vida, por ejemplo, dejando huella imborrable y fértil en sus familiares, compañeros, profesorado y conocidos… para siempre.

—*Un perro*—les dije intentando provocar en ellos repulsa, devolviéndoles así la que me habían provocado a mí ellos antes— *también podía tener el pelo corto y ser rubio y simpático y tierno. Pero Jaime es algo sustancialmente distinto a un perro, todo el mundo lo ve: lo que veis en realidad es una persona.*

Entonces me dirigí a la foto que había seguido proyectada en todo momento y les dije teatralmente, pero también con sincera emoción: —*Señoras y señores, están ustedes ante el milagro de una persona... Aplaudan.*

Tras un microsilencio aplaudieron unánimemente llenos de emoción. Y añadí que debían haber visto en Jaime su persona-alumno preferido, como todos los demás, al que dedicar su profesión y mejores intentos de acierto, para orientarle de verdad y enseñarle el mayor número posible de cosas importantes, con su asignatura, que le faciliten saber mucho y lo más decisivo: ser feliz.

Entonces les proyecté la foto de Luis. Luis tenía diagnosticado trastorno de déficit de atención e hiperactividad (TDAH): —*¿Qué ven ahora?*

Y entonces exclamaron, siguiendo a una primera alumna, pero casi todos a la vez ya, a gritos y aún más emocionados que antes: —*Otro milagro.*

Les aplaudí yo, conmovido.

## 3. LA EDUCACIÓN SE VE TORCIDA: TU BUENA EDUCACIÓN Y SU TENDENCIA AL NO

La educación es un arte en el que intervienen muchos artistas a la vez: la madre preparándole durante meses para nacer, el padre, el propio niño o niña —libre, bueno e inteligente—, los hermanos si los tiene, los abuelos, los ángeles de la guarda de todos...

Por eso suele salir distinta a como uno había ideado... y mejor. Aunque la ilusión óptica de cada artista diga a veces lo contrario.

La educación es como una de esas ilusiones ópticas en que todo parece torcido, las franjas claras, los hijos/as, diríase que se tuercen respecto a las franjas oscuras verticales, rectas, de los padres. Sin embargo, basta coger una regla fiable, no nuestra impresión momentánea, para comprobar que las franjas claras están entre sí perfectamente rectas, paralelas una con otras, y perfectamente perpendiculares, como debe ser, a las oscuras: a sus padres. Todo está bien cuando parece que está torcido.

Al revés, también ocurre, cuando todo parece que está perfecto, a veces anida en esa aparente perfección un enemigo mortal: la intolerancia a la imperfección, la dificultad para disfrutar de lo que no sale como se espera. Cuando todo parece ir bien en educación es difícil enseñar la consciencia de los errores y defectos, su peso, y disfrutar del perdón consecuente que hay que pedir por ellos.

La apatía por todo y la falta de ilusión les llega irremediablemente tarde o temprano a quienes siempre hicieron lo que creían que se esperaba de ellos, trágicamente.

Los niños/as no han de ser perfectos/as. Los padres y madres tampoco, sino humanos/as. Amantes, apasionados y por tanto con excesos, dudas, ensayos, aprendizaje, conmovedores cuando rectificamos o cuando pedimos ayuda impotentes.

Para que un hijo o hija se acabe convirtiendo en alguien maduro/a, sabio/a y feliz, es preciso no serlo cuando aún se está aprendiendo a serlo. Para tener paciencia mientras lo logran nos tienen los hijos a quienes más los quieren en este mundo. Pero no nacieron ya hechos del todo, aunque sí listos, dulces, conmovedores, necesitados y libres; con capacidad para aprender lo más importante... pero con el tiempo.

Entretanto, mientras van madurando, los hijos/as dicen NO cuando llegan a los tres años y sienten el primer tirón de crecimiento de su libertad, y muchas más veces experimenta el poder de su NO cuando le llega sin esperarlo —ni ellos ni sus padres— la adolescencia, que hoy llega a los 9 años y se instala durante décadas.

— «No».
— «No quiero».
— «No me apetece».
— «No me has preguntado».
— «No me conocéis».
— «No soy así».
— «No me gusta».
— «No tengo ganas».
— «No sé».

— «No importo».
— «No lo siento».
— «No me entiendes».
— «No sé explicarlo».

Una vida llena de noes, hasta que la madurez les da la seguridad que les permite decir con su propia voz:
— «Sí»,
— «Sí, claro».
— «Sí, mamá».
— «Sí, papá».
— «Sí quiero hacerlo».
— «Sí te quiero».
— «Sí voy».
— «Sí lo he hecho».
— «Sí lo haré».
— «Sí lo entiendo».
— «Sí lo sé».
— «Sí lo pienso».
— «Sí lo siento».
— «Sí pasó».
— «Sí lo espero».

La madurez, la satisfacción y la felicidad se experimentan después de haber aprendido a decir NO, equivocarse y arrepentirse, cuando uno se descubre diciendo al cabo del día más veces SÍ que NO. Eso es la madurez feliz o la felicidad madura: reconocerse y reconocer a los demás cada vez más positivamente, como son.

# 4. HAZTE UN SELFI CON ÉL/ELLA Y DALE SU PRIMER *LIKE* (O AL MENOS EL ÚLTIMO)

Los hijos y las hijas demasiadas veces sienten que es más fácil quedar bien entre sus amigos o amigas que en su propia casa. Es lógico, pero no es bueno.

La casa es donde reside la familia que le acoge mejor que nadie. La que le dio la vida y le sostiene. La que le dio el primer cariño, el mayor amor. Siendo así, debería sentirse siempre acogido, refugiado en toda circunstancia de la vida. Un refugio se construye con calor, para cuando más se necesite al sentir frío.

Deberíamos revalorizar el poder de una casa, que se convierte en hogar según la decoremos y, sobre todo, según lo vivamos. Decorar para estar, no para enseñar. Viviendo rodeados de más cariño del que provocamos, de vida, de perdón, de seguridad, de posibilidades de quedar bien, sin miedos a perder ese cariño incondicional, el sentido de nuestra existencia, sobre todo cuando nos equivocamos y los resultados de fuera, los extra-hogareños (por ejemplo, los resultados en la escuela, la universidad, la pandilla, un amigo, un trabajo), ponen en evidencia que aún hemos de aprender y nos sentimos vulnerables.

Abrir la puerta de la casa que cobija nuestra familia es como entrar en lugar seguro donde podemos ser nosotros mismos, sin miedo, lleno de defectos humanos y de buenas intenciones. Sin tener que fingir. Eso se enseña. La decoración lo facilita, con salones más cómodos que cuartos individuales, por ejemplo. Pero un hogar es una necesidad que supera la decoración humana y que solo puede construir la familia que lo vive y, en ella, solo un padre/madre es capaz de dar a todos los que viven en su interior, lo que es ser padre o madre.

Los hijos y las hijas saben que donde más se les quiere es en su casa, aunque a menudo dudan si experimentan lo contrario en momentos puntuales y frecuentes de contrariedad adolescente. «Es tan difícil —a veces piensan— quedar bien en casa si uno muestra su inmadurez y su tendencia a lo suyo aún... Con los amigos, fuera de la casa familiar, parece más fácil todo».

Si así piensan, algo hemos hecho mal, sin querer. Exigir es importante, en beneficio sobre todo de la madre generosa de la casa. Cuanto más generosa se muestra una madre, más debe reinar en la casa y más desea el hijo y la hija que sea cuidada por todos. Exigir, no obstante, claro está, conlleva contrariedad, desgaste, rozamiento, malas caras, enfados a veces, desajustes en todo caso, fricción. Pero entonces deberemos buscar de forma creativa y amable los modos que acorten esos ratos de fricción y la amabilidad se reponga cuanto antes, renunciando al yo de cada uno en las formas, sin renunciar a lo que se debe hacer o seguir exigiendo, en beneficio de todos, de la familia o de la madre o padre, el que no haya exigido.

Hoy se ha convertido en una necesidad clave que nuestros hijos reciban su primer *like*, nuestro me gusta, de sus padres y madres, y de sus hermanos si su madurez lo permite, a cualquier edad:

- —Un *like* cada vez que hagan algo casi bien, aunque aún sea imperfectamente: habrá tiempo y ocasión de mejorarlo, si tenemos paciencia.
- —Un *like* a lo que piensan, aunque sea distinto a lo que pensamos nosotros, con más edad es lógico que hayamos dado más vueltas a las cosas y acertemos más. Si no, qué desperdicio de experiencia.
- —Un *like* a lo que dicen en redes sociales, en la casa o en la escuela o trabajo: aun sin acertar del todo, para que acierten más.

Hazte un selfi con tu hijo/a. Sonriendo. ¿Cuándo fue el último? Sin subirlo a las redes, para presumir de él o ella solo dentro del refugio seguro de la casa, a donde siempre se vuelve a coger el aire que el mundo te quita y nadie te repone mejor que tu familia.

Saber que en casa te conocen mejor que en ningún sitio, que conocen tus defectos y mejor que fuera también tus virtudes, es el antídoto amable y seguro de muchas calamidades que sufren tantos padres y madres de hoy.

Hoy es el mejor día para un *like* y para un selfi, si se deja. Si no se deja, entonces es que aún son pocos los *likes*, empecemos por ellos. Digámosle las cosas que más nos gustan de él/ella. Treinta, cuarenta, cincuenta, no seamos tacaños, tiene más de cien. A nadie se le maleduca con alabanzas, porque las alabanzas son la realidad en la que uno puede apoyarse para cambiar lo que aún le hace falta cambiar.

Lo más probable es que ya no lleguemos a su primer *like*. Entonces lleguemos al último, cada día. De forma que sea el punto cumbre de sus *likes*, el nuestro cada final del día.

## 5. QUERER ENSEÑA MÁS QUE EL EJEMPLO

Dicen que el ejemplo es lo que más educa. Esto lo debió decir alguien cuyo padre era en efecto ejemplar o él lo pensaba de verdad. Pero no es del todo así.

Mi padre y madre fueron —cada uno en sus estilos diferentes— ejemplares, pero me enseñaron virtudes que aún luchaban por tener o aumentar cuando se ha ido mi madre y mi padre nos necesita a sus 97 años.

Si los padres solo pudiéramos enseñar y transmitir lo que ya vivimos nosotros y ejemplarmente, cada generación enseñaría menos y la especie se extinguiría desde el punto de visa educativo. Es verdad que la vida enseña, no lo que decimos sino lo que hacemos, pero la lucha por mejorar desde la imperfección educa mucho más aún, porque motiva imitarse e incluso sorprender a los padres siendo mejores. Los hijos deben tener ocasión de ser mejores que los padres en muchas cosas, y para ello el ejemplo no es lo que más se imita, sino la actitud y filosofía, y nuestro comportamiento ante el defecto, ante la virtud y ante la lucha por conseguirla.

Quienes dicen que los padres educan con el ejemplo no tienen en cuenta que los hijos son personas, no imitadores. Son pues libres y con real capacidad de ser mejores que los padres, y este debe ser el objetivo de todo padre/madre que ame a sus hijos de verdad: que estos sean mejores que ellos. En lo que los padres son verdaderamente imprescindibles no es en el ejemplo, sino en la motivación, el estímulo y la señalización de la importancia de una virtud, en qué consiste en verdad esta, cómo no confundirla con el defecto que cada virtud llevada al exceso encierra como trampa (el exceso de orden, perfeccionismo e intolerancia a lo imperfecto, por ejemplo), y enseñar cómo iniciarse en ella, porque los padres por separado la han iniciado muchas veces. Lo demás lo hará personalmente cada hijo o hija, si Dios quiere con más éxito que sus padres, admirando a estos y encontrando en ello, padres e hijos, una satisfacción que llena toda una vida.

Educa de verdad, más de lo que se suele tener en cuenta, la reacción de los padres/madres ante los defectos y las virtudes propias y de los demás, ante las personas que las tienen y ante las circunstancias y consecuencias que las generan. Además, educa especialmente comprobar en los padres/madres esas reacciones naturales, que evidencian cómo tanto los defectos como las virtudes se consideran parte de la realidad humana y, en consecuencia, compatibles con la felicidad si se lucha por erradicar o mitigar los primeros y acrecentar las segundas, con serenidad y la amabilidad que solo es capaz de demostrar quienes quieren mucho a los demás.

Ese cariño, a quien lucha y aún no lo consigue y a quien ya avanza en la virtud, pesa mucho más que el propio ejemplo. La perfección no educa, sino la reacción virtuosa ante la imperfección.

Un padre defectuoso, cariñoso, amante de sus hijos, a los que admira y sabe que son mejores que él, porque ha concurrido en su educación la bondad también sumada de la madre, es un padre más fácilmente imitable, atrayente y superable, conmovedor, y por el que se guardará un agradecimiento más profundo pasados los años, mucho más allá incluso de la propia presencia, en el recuerdo de sus nietos incluso.

## 6. QUÍTALE ESTRÉS A SU VIDA Y, DE PASO, A LA TUYA (Y VICEVERSA)

Educar es educar personas, no comportamientos individuales o en grupos, ni talentos siquiera. Cuando queremos educar a un hijo/a lo que queremos es enseñarle lo que necesita para que pueda ser feliz, por su bondad, su inteligencia para discernir lo bueno, su libertad para desearlo, su voluntad para conseguirlo y su coherencia para retenerlo. Educar a un hijo/a es procurar su felicidad y posibilitarla. Con la mirada en el final, para que sea feliz siempre. Aunque conlleve cansancio, un esfuerzo propio de quien mejora, o renuncia de quien es libre, así como la espera y la constancia de quien sabe que avanza.

Educar a un hijo/a es posibilitar su felicidad. Ningún padre o madre puede ser feliz si sus hijos/as —a los que quiere tanto— no son felices. Ningún hijo/a puede ser feliz si no lo es también su padre o madre. Por eso lo importante de la educación de un hijo/a es precisamente el hijo/a y también los padres/madres, que son mucho más que meros educadores.

—Importa el niño/a o el adolescente e importa el padre o la madre que educa.
—Importa el fin de la educación (que es la capacidad de desarrollarse en todos los ámbitos y en extremo la felicidad).
—Importa los medios que pongamos para ello.
—Importa, por tanto:

—quién (hijos/as y padres/madres),
—qué (la jerarquía y prioridad de lo que se debe educar: no todo es igual de importante),
—para qué (sean felices),
—por qué (porque se les quiere con toda el alma y se les desea lo mejor y siempre)
—y cómo (exigencia, autoridad, flexibilidad, confianza, concepto positivo, esperanza, paciencia, cariño, mano izquierda, verdad, constancia, sin ceder a chantajes, decisión, optimismo, amabilidad, serenidad, ejemplaridad imperfecta, deseando virtudes, aunque no se consigan y luchando por corregir defectos, aunque tampoco se logre combatirlos).

Todo hijo/a es una persona. Por tanto, es alguien tan grandioso que vale más que todos los tesoros juntos del universo; más que el propio universo. Infinitamente más que cualquier resultado (intelectual, deportivo, olímpico, social, académico, etc.).

Si educamos hijos e hijas para ser felices, no educamos:

—alumnos de protocolo, cómo comportarse, o auxiliares de eventos;
—aprender a comportarse en un acto o a hacer cosas;
—alumnos de academia de idiomas u otras asignaturas;
—deportistas de un club deportivo;
—alumnos de academia de pintura;
—alumnos reglados de un instrumento musical;
—asistentes a un centro —sustituto de un colegio— en el que han de estudiar o hacer tareas escolares más o mejor;
—o asistentes a una ludoteca o lugar donde realizar actividades para ser entretenidos hasta la cena.

Son hijos/as. Lo más importante, en su lugar perfecto después de su padre o madre, es decir, mucho más que alumnos de protocolo y comportamiento, que estudiantes de idiomas, integrantes de un equipo deportivo que compite, aprendices de técnicas pictóricas, estudiantes o niños que esperan a que sus padres/madres terminen de trabajar.

Los hijos/as necesitan, sobre todo, incluso mucho más que ir al colegio, aprender a estar en la casa familiar; esa a la que siempre se vuelve, en la que se siente uno, uno mismo, irrepetible y suficiente, amado pese a todo, donde todo puede empezar de nuevo por cariño. Lo contrario impide el fin y los medios de la auténtica educación que necesitamos y merece cada ser humano: los hijos/as y sus padres/madres.

Así, los hijos e hijas necesitan cada tarde (porque la mañana se la ha consumido ya la escuela), y no solo los fines de semana o en periodos vacacionales, aprender en casa a:

—Jugar solos, cuando no se puede acompañados por hermanos/as. El juego aporta lo que no podrá nunca aportar la escuela, por buena que sea. Si se quiere, al respecto puede leerse el capítulo que dediqué a explicarlo en *Guía para ser buenos padres* (Toromítico).
—Jugar con otros (a un juego de mesa, por ejemplo).
—Aprender a entretenerse solos cuando sienten que se aburren o tienen que esperar. Educar a responderse a ellos mismos cuando se les ocurra: «¿Qué hago? ¡Me aburro!», o cuando tengan que esperar a que su padre/madre termine algo, a que llegue su turno en un juego o a que llegue la hora de poder poner la televisión, usar la *tablet*, etc.
—Relacionarse: aprender habilidades sociales.
—Estar en casa y ser uno mismo: sentirse aliviado al llegar a casa, seguro, refugiado de tensiones.
—Experimentar y crear: ya sea ciencia, cocina, dibujo, escritura, composición musical o interpretación, baile…
—Compartir: tiempo, comida, espacio, cariño de los padres.
—Aprender cómo son en realidad ellos (muy distintos a los que parecen en el colegio, en una fiesta familiar o en una academia), cómo son también sus hermanos/as y sus padres/madres: sentir la serenidad de poder

portarse como uno es, sin fachadas ni preocupación de mostrarse imperfecto. Y conocer a los demás integrantes de la familia de igual modo.

—Reconocer sus propias limitaciones y virtudes en casa.

—Tolerar su contrariedad en el ámbito seguro de la familia: que las cosas no salen exactamente como desean o cuando lo quieren.

—Aprender el valor que tiene su vida en el conjunto de su familia y de la humanidad entera: su autoestima.

—Cómo es la realidad: aprender y experimentar cómo son las cosas, los lugares, los acontecimientos, las personas, las relaciones personales, familiares, sociales, laborales, a través de su vida y de la de su padre/madre.

—Oír lo que transmite la historia vivida de su familia, su transmisión-tradición familiar: hechos y sucesos acaecidos en su familia desde sus orígenes, que dan explicación a muchos hechos y situaciones familiares actuales.

—Aprender jerarquía de prioridades de las cosas e intereses.

—Aprender la dignidad de todas las personas (convivencia respetuosa, amabilidad, delicadeza, atención, tolerancia, solidaridad o generosidad, caridad...).

—Aprender a respetar lo recibido mediante una ecología verdaderamente sostenible.

—Aprender a gestionar emociones: aprender las 41 una emociones que hay, los diecinueve sentimientos, y aprender cómo reaccionar ante cada una de ellas y cada uno.

—A pensar.

—A preguntar.

—A disentir y discutir.

—A trabajar.

—A reforzar la propia voluntad.

—A esforzarse.

—A tener independencia y autonomía.

—Ejercer la libertad.

—Aprender a confiar.

—A ser asertivos/as: a decir que no.

—A ser resilientes: encontrar lo bueno que cada ocasión te presenta y salir de las dificultades.
—A superar obstáculos.
—Asumir las consecuencias de sus propias decisiones.
—Buscar la verdad.
—Descubrir y disfrutar de lo extraordinario que tiene lo ordinario.
—Querer de verdad, desinteresadamente.
—Controlar el estrés.
—Sentir satisfacción profunda personal: la que solo un padre/madre puede hacer sentir a un hijo/a.
—Comunicarse personalmente. Completamente. Verbal y no verbalmente.
—No temer ser conocido.
—Pedir socorro y refugio cuando se necesita.
—Ser querido por quien es, no por sus resultados.

Es verdad que muchos padres y madres cuando apuntan a sus hijos/as a las actividades extraescolares buscan en realidad que se ejerciten en estas tareas más propias de la familia, y quizás lo consigan en parte, en una dosis tan pequeña que no compensa. Sería como enseñar a tocar un piano escuchando sinfonías de Mozart.

Estar en familia, jugar en casa les aporta más que cualquier tarea escolar y actividad extraescolar. Organicemos nuestra vida y la suya sabiendo que esto es así, inevitablemente, en todo ser humano y en toda cultura o circunstancia. Organizar la vida de los hijos/as y la de los padres/madres, teniendo en cuenta lo que son y necesitan y lo que no son ni necesitan, sería un acierto que solo los padres/madres pueden tener. Un acierto que supondría avanzar con pasos gigantes a cada uno/a y a todos hacia la felicidad, con consecuencias satisfactorias inimaginables, familiares y personales, en cada uno de sus integrantes.

Analizando durante un curso completo las actividades y opiniones de 63 niñas/chicas y 71 niños/chicos de distintas edades (Primaria, Secundaria y Universidad), de una hora dedicada a cada una de las siguientes actividades, sobre el rendimiento y los beneficios respecto a su felicidad, su autoestima y el aprendizaje de lo que consideran más importante en su vida, el resultado fue:

### Rendimiento en felicidad de cada hora de un niño/a o adolescente (de 6 a 25 años), según ellos/as (134: 63 chicas y 71 chicos)

Importancia que tiene ese aprendizaje / Felicidad que genera el tiempo dedicado a adquirirlo / Grado de adquisición, destreza o soltura que creen que tienen ya en el mismo *(en escala Licker, de 1 a 5: siendo 1 lo mínimo y 5 lo máximo)*. Aunque todas son significativas, se resaltan con asterisco aquellas especialmente elocuentes que nos deberían hacer reflexionar y cambiar algo.

| Actividad | Importancia de ese aprendizaje | Felicidad que genera | Grado de destreza que se tiene |
|---|---|---|---|
| Saberse comportar en público | 3 | 1 | 3 |
| * Ir a clase de idiomas | 4 | 1 | 2 |
| A clase de pintura | 2 | 2 | 1 |
| A clase de música | 3 | 3 | 1 |
| * Hacer tareas escolares | 5 | 0 | 4 |
| Actividades lúdicas fuera de casa | 3 | 2 | 4 |
| * Jugar en casa | 5 | 5 | 5 |
| * Deporte | 4 | 5 | 4 |
| Saber entretenerse solo mientras espera | 2 | 1 | 3 |
| * Relacionarse con los demás | 3 | 2 | 3 |
| * Estar en casa y ser uno/a mismo/a | 5 | 5 | 5 |

| | | | |
|---|---|---|---|
| Experimentar y crear | 4 | 5 | 4 |
| Aprender a compartir | 4 | 3 | 3 |
| * Autoconocerse, conocer mejor a familiares | 3 | 2 | 4 |
| Reconocer limitaciones, aprender virtudes en casa | 4 | 3 | 4 |
| * Tolerar contradicciones familiares | 2 | 2 | 3 |
| Subir la autoestima | 3 | 5 | 3 |
| * Conocimiento de la realidad | 4 | 4 | 3 |
| * Transmisión-tradición familiar | 5 | 5 | 5 |
| Aprender a actuar con jerarquía de prioridades | 5 | 4 | 3 |
| * Aprender a respetar personas | 5 | 5 | 4 |
| A respetar ecología sostenible | 5 | 4 | 4 |
| * A gestionar emociones | 5 | 5 | 2 |
| A pensar | 5 | 5 | 4 |
| A preguntar | 4 | 5 | 3 |
| * A discernir y discutir | 5 | 5 | 4 |
| * A trabajar bien | 3 | 4 | 4 |
| Reforzar la voluntad | 4 | 4 | 4 |
| * Esforzarse con rendimiento | 3 | 4 | 3 |
| Ser independiente | 5 | 4 | 3 |

| | | | |
|---|---|---|---|
| * Ejercer libertad | 5 | 5 | 4 |
| * Aprender a confiar | 5 | 4 | 3 |
| A ser asertivos (decir no sin ofender) | 5 | 4 | 3 |
| * A ser resilientes (ver lo positivo) | 5 | 5 | 2 |
| * A superar obstáculos | 5 | 5 | 3 |
| * A asumir consecuencias | 4 | 4 | 3 |
| * A buscar la verdad | 5 | 4 | 3 |
| * Descubrir lo extraordinario de cada día | 5 | 5 | 2 |
| * Querer a alguien | 5 | 5 | 4 |
| * Controlar el estrés o agobio | 5 | 5 | 2 |
| * Satisfacción profunda | 5 | 5 | 1 |
| Comunicarse: comprender | 5 | 5 | 4 |
| * Comunicarse: ser comprendido | 5 | 5 | 1 |
| * Actuar con naturalidad | 5 | 5 | 3 |
| * Aprender a pedir SOS | 5 | 5 | 3 |
| * Ser querido como se es ya | 5 | 5 | 2 |

## 7. ¿UN POCO DE ESTRÉS NO ES BUENO PARA HACER MÁS COSAS?

«Yo trabajo más y mejor en tensión; de hecho, solo tengo fuerzas para ponerme a estudiar cuando el examen ya está muy próximo.»
(Pablo, de 2° Curso de un Grado Universitario)

Estas y otras sentencias parecidas se oyen a menudo y parecen argumentar que el estrés es el motor de motivación que nos permite afrontar lo que no nos ilusiona e intentamos posponer lo más posible. ¿Pero esto es verdad?

Podemos engañarnos con facilidad pensando que en esos picos de estrés trabajamos mejor, pero no es cierto. Solo tenemos un extra de motivación, que también se convierte en un extra de desmotivación cuando pasa, por eso el estudiante que solo se acostumbra a estudiar en picos de estrés se desmotiva mucho en cuanto el estrés pasa. En cuanto termina el examen la desmotivación le hace estudiar con menos antelación cada vez y con menor eficacia, grabando cada vez menos a largo plazo y por eso a estos estudiantes estresados se les olvida todo pasados dos días del examen que estudiaron con estrés.

El estrés solo consigue tensar sus músculos, porque el estrés tiene la noble función de prepararnos para un sobresfuerzo en caso de necesidad, de peligro, por ejemplo, si hemos de salir corriendo o aguantar el peso de alguien que está en peligro de caerse. Pero cuando se convierte en estímulo para hacer lo que se debe hacer, se desvirtúa y se desequilibran todas las capacidades físicas, psicológicas, corporales, mentales, materiales, espirituales, intelectuales, emocionales, y elimina la posibilidad de disfrutar de lo que acontece cada día, de la normalidad y lo más probable. De este modo, se empieza por no disfrutarse de lo cotidiano y se termina, muy pronto, siendo aún muy joven, por incapacitarse para disfrutar también de lo más extraordinario.

Acostumbrarse al estrés es acostumbrarse a la infelicidad, a la anormalidad, renunciar a la autogestión, al autocontrol, debilitar la fuerza de voluntad, mermar la posibilidad de logro y de satisfacción.

De modo que los efectos nocivos de un estrés persistente al que uno se acostumbra e incluso puede buscar como aliciente o motor son tantos que el estrés se convierte en uno de los peores enemigos de la salud física y emocional de padres/madres e hijas/os de cualquier edad.

## 8. REBAJAR EL ESTRÉS DESDE SU INFANCIA

Los hijos aprenden a vivir con estrés o sin él, y lo empiezan a aprender desde antes incluso de nacer. Los bebés en el seno materno gestionan sus primeras emociones y comienzan su socialización, mucho antes que en la escuela o guardería. Desde el refugio seguro que le proporciona su amante madre donde comienza su vida, un bebé experimenta cómo su madre se agita a la hora de la cena, al acercarse las 21.00. El bebé estaba entrando en un estado de somnolencia cansado de todo el día, sobre las 20-20.30 horas, cuando de repente su madre inicia un pico de movimiento, se dispone a cenar o a hacer la cena y se mueve despertándole. Así, todos los días. Cuando haya nacido, recordará este pico de actividad y se comportará con un rebrote de actividad: «Este niño se reactiva justo ahora que toca irse a dormir».

Pero donde un niño/a aprende a vivir con el estrés y habituarse a él sin eliminarlo es, sobre todo, después de nacer, naturalmente, en las siguientes etapas, en orden de influencia:

—De 0 a 12 primeros meses.
—De 1 a 3 años.
—De 9 a 12 años

Por eso, enseñarle a eliminar el estrés también se puede hacer fundamentalmente en esas etapas de su vida. Mediante doce costumbres, que, si procuramos en más o menor medida, lograremos en esa misma medida reducir el estrés que tantas neuronas mata y afecta —también a temprana edad— a su sistema endocrino, nervioso, intestinal e inmunitario, a su gestión emocional, equilibrio, salud emocional y física y a su felicidad, mediante:

🡅 El aumento de:

— La presión y tensión arterial,
— El nivel de hormonas en la sangre,
— Las posibilidades de aparición de acné, lo que genera más aceites y grasas corporales debido al aumento del cortisol.
— La toxicidad del cortisol para el cerebro.
— El nivel de glucosa, azúcar en sangre.
— Los ácidos grasos.
— La retención de líquidos.
— Las células infectadas por virus.
— La incidencia de las células cancerígenas si se tiene, como se intensifican los síntomas de los padecimientos o enfermedades que se tenían.
— La presión intraocular.
— Las migrañas o la posibilidad de ellas.
— Los dolores de cabeza.
— Los mareos.
— La fatiga.
— Los problemas de sueño.
— La dificultad para decidir,
— Los problemas digestivos.
— La tensión reflejada por ejemplo en mover las piernas.
— La frecuencia de comerse las uñas.
— Los temblores, los tics.
— La sensibilidad del tacto, el oído y la vista, y por tanto su agotamiento y disparo emocional (las sensaciones cuando se entrelazan forman una emoción).
— El tartamudeo.
— Los síntomas de ansiedad, presión en el pecho.
— Los dolores de espalda, musculares y contracciones.
— El entumecimiento.

—La rigidez de espalda y hombros.
—El sudor en las manos, los pies o la frente,
—El consumo de golosinas o chucherías.
—La necesidad de comer entre horas.
—Los enfados y las reacciones desproporcionadas, los cambios de humor.
—El mal humor,
—Los hundimientos.
—El desorientación.
—El miedo, el temor y el pánico, las fobias.
—La sensación de bloqueo e impotencia.
—Los picos de tristeza.
—La impaciencia.
—La respiración rápida.
—Las palpitaciones del corazón.
—La risa desproporcionada, más de lo que parece justificar su causa, e igualmente el llanto más de lo que la causa lo justifica.
—El insomnio, las pesadillas.
—Las posibilidades de una menstruación irregular, por desequilibrio hormonal.
—La pérdida de pelo.
—La vasoconstricción de los bronquios.
—El malestar estomacal y de indigestión.
—La descomposición de vientre, la diarrea, los vómitos, la gastritis.
—El estreñimiento.
—La degradación de proteínas.
—El colesterol y los triglicéridos.
—El sofoco o los escalofríos.
—El cansancio general.
—El agotamiento mental al intentar pensar en algo.
—La aparición de llagas en la boca y los herpes.
—El peso.
—Las alergias en la piel, la dermatitis.
—La psoriasis.
—La posibilidad de hematomas.
—El reumatismo.

—El endurecimiento de las arterias.
—La posibilidad de diabetes.
—La palidez.
—La confusión de lo importante respecto a lo urgente.
—La insatisfacción y la apatía.

⬇ Y desciende:

—La saliva.
—La función del tiroides.
—La sangre en la piel.
—El número de células necesarias para combatir los enemigos de la salud.
—Las enzimas, y por eso la digestión se dificulta.
—La concentración.
—La visión general, la del conjunto.
—La densidad ósea.
—La respuesta inmunológica.
—La memoria, la eficacia de grabación a largo plazo.
—La capacidad de disfrutar lo ordinario y con el tiempo. Si el estrés es persistente, también de lo extraordinario.
—La autoestima.
—La fuerza de voluntad.
—Las habilidades sociales y la empatía.
—La alegría.
—La felicidad.

Por todo ello conviene saber cómo poder evitar estos efectos del estrés que tanta inseguridad, falta de confianza ante los demás, preocupación, pérdida de eficacia, molestia, baja autoestima, dificultad para gestionar las emociones, tensión y torpeza en el trato con los demás (obstáculos en las habilidades sociales) puede ocasionar a un hijo/a el estrés.

Pero en nuestra mano está acostumbrarse a evitar el estrés nocivo, en nosotros como padres/madres y en nuestros hijos/as. Para ello, resultaría muy eficaz, por ejemplo, la serie de hábitos, sencillos y muy naturales, que se apunta en el capítulo que sigue.

# 9. VEINTE HÁBITOS SENCILLOS QUE REBAJAN SU ESTRÉS A CUALQUIER EDAD Y LE APORTAN MUCHO

1. Beber agua habitualmente.
2. Jugar en casa, en familia, con sus hermanos y si es posible con padre y madre u otros familiares también, a juegos no tecnológicos, como por ejemplo a cualquiera de los muchos beneficiosos juegos de mesa, que tan rica experiencia intelectual y sobre todo emocional aportan. Por ofrecer alguna pista fiable, acudí a mi amigo y colega de docencia, experto en juegos de mesa, José María Barrera, que al final me pasó el listado que sigue y que en gran parte he experimentado con mis hijas e hijos en casa, muy satisfactoriamente. Según me remite mi amigo, «sin querer hacer un *ranking* sobre juegos de mesa, sí puedo recomendarte algunos que me parecen interesantes por sus mecánicas y desarrollo de las partidas». En mi opinión resultan seguros y ricos en el desarrollo lógico y emocional, y por eso recomendables, según edades:

— Carcassonne (Estilo: puzzle. Edad: +10 años. De 2 a 5 jugadores. Tiempo de partida: 35 minutos. Editorial: Devir)
— Catán (Estilo: gestión de recursos. Edad: +10 años. De 3 a 4 jugadores. Tiempo de partida: 75 minutos. Editorial: Devir)
— 7 Wonders (Estilo: gestión de cartas. Edad: +8 años. De 2 a 7 jugadores. Tiempo de partida: 45 minutos. Editorial: Asmodée)

— ¡Aventureros al tren! (Estilo: colección de cartas. Edad: +8 años. De 2 a 5 jugadores. Tiempo de partida: 60 minutos. Editorial: Edge Entertainment)
— Sushi go party! (Estilo: combinación de cartas. Edad: +8 años. De 2 a 8 jugadores. Tiempo de partida: 20 minutos. Editorial: Devir)
— 1906 San Francisco (Estilo: programación de acciones. Edad: +12 años. De 2 a 4 jugadores. Tiempo de partida: 60 minutos. Editorial: Looping Games)
— Bang! (Estilo: roles ocultos. Edad: +8 años. De 4 a 7 jugadores. Tiempo de partida: 40 minutos. Editorial: Edge Entertainment)
— Virus! (Estilo: colección de cartas. Edad: +8 años. De 2 a 6 jugadores. Tiempo de partida: 20 minutos. Editorial: Tranjis Games)
— Century: la ruta de las especias (Estilo: programación de acciones. Edad: +8 años. De 2 a 5 jugadores. Tiempo de partida: 45 minutos. Editorial: Devir)
— Los odiosos 7 (Estilo: contar cartas. Edad: +8 años. De 2 a 6 jugadores. Tiempo de partida: 20 minutos. Editorial: Mercurio)
— Dixit (Estilo: narrativo. Edad: +8 años. De 3 a 6 jugadores. Tiempo de partida: 30 minutos. Editorial: Asmodée)
— Ciudadelas (Estilo: roles ocultos y colección de cartas. Edad: +10 años. De 2 a 7 jugadores. Tiempo de partida: 45 minutos. Editorial: Edge Entertainment)
— King of Tokyo (Estilo: gestión de dados. Edad: +8 años. De 2 a 6 jugadores. Tiempo de partida: 30 minutos. Editorial: Devir)

3. Estar con otros, viendo la tele, haciendo algo, caminando o cualquier actividad.
4. Moverse: correr, hacer ejercicio, andar, saltar, gritar, cantar, reír o llorar, jugar al aire libre.
5. Tener un horario habitual, lo más estable posible, de comidas y sueño.
6. Dormir antes de la 21.30, repitiendo una serie de ruti-

nas al hacerlo: hacer las mismas cosas en el mismo orden y sin agitados movimientos ni juegos ni pantallas de ningún tipo después de cenar.

7. Respirar profundamente al menos seis veces seguidas; y al menos hacerlo al llegar a la cama y antes de ponerse a hacer las tareas escolares.
8. No salir en Instagram durante la infancia.
9. No acudir a actividades extraescolares hasta los 10 años al menos.
10. Comer de todo: sano.
11. No gritar en exceso ni poner música muy alta en casa.
12. Ser reconocido cuando hace cosas bien.
13. Exigirle y ser corregido cuando actúe equivocadamente, aunque no se recuerde más ni se utilice el error como argumento para nada.
14. Enseñarle a leer bien en casa, desde los 3 o 4 años si es posible.
15. No mandar en casa, sino obedecer lo que mamá, papá —o sus delegados— y los abuelos mandan.
16. Creer que papá y mamá se quieren.
17. Saber que el concepto que papá y mamá tienen de él o ella es más positivo que preocupante.
18. Hablar de cualquier tema sin demasiada importancia, donde no se pueda quedar mal ni discutir.
19. Aprender a gestionar el miedo, la tristeza, la ira y la alegría, siguiendo por ejemplo consejos expuestos en *Cómo entrenar su dragón interior* (Temas de Hoy).
20. Pensar que nunca pasa nada tan grave como para que nos dejen de querer quienes necesitamos que nos quieran, y que cuando algo parece que no tendrá remedio el tiempo demostrará lo contrario, y si no se percibiera el remedio, saber que lo ocurrido importa menos que hacer bien lo próximo.

## 10. BASTA CON ACERTAR UNA VEZ A LA SEMANA, LO BUENO SE GRABA MÁS

A menudo muchos padres y madres se preocupan en exceso por si actuarán educativamente e incluso llegan a temer actuar. Pero en educación casi nada es como parece. Esto tampoco. Actuar es acertar; no hacerlo es el único error que mal educa.

Cualquier hijo/a, después de hacer o decir algo, espera de su padre/madre una reacción: positiva si acertó o negativa si erró. Eso le da seguridad, confianza en sí mismo, orientación y autoestima. Con independencia de que su padre o su madre acierten en la reacción y en una praxis ortodoxa educativa. Cada padre y madre —o quien haga de él/ella— educa su propio hijo, no un niño/a de otro padre o madre, y lo que más educa es el cariño exigente:

— 80% de cariño (por tanto, también, paciencia, amabilidad, serenidad, decisión, claridad, espera, admiración, respeto, motivación, estímulo, estima, esperanza, confianza, libertad y amor).
— 20% de exigencia (normas claras, pocas, pero que se cumplen; mandándole lo que ha de hacer, aunque le dé libertad para matizar cómo hacerlo dependiendo de la edad; con consecuencias negativas cuando se equivoca y positivas cuando acierta; tratándole como si fuera dos años más, para calcular bien; no resolviendo sus problemas ni saltando sus obstáculos, sino orientándole cómo ha de hacerlo, sin concretarle en exceso).

Un padre o madre que quiere de verdad a su hijo/a le exige lo que cree que puede hacer, con amabilidad, estímulo, motivación y estima. Equivocarse en lo que le manda o dejándole en exceso aspectos de cómo hacerlo a su libertad es lo menos importante en la educación. Un hijo que es mandado apelando a su libertad, que se le indica lo que puede y se le pide que lo haga, y que al hacerlo se le premia con nuestra satisfacción profunda y personal, es un niño educado. Da igual lo que se le mandó, siempre que no vaya contra su dignidad de persona o la dignidad de otros.

Por eso no debe preocuparse ningún padre o madre por si sabe educar, sino si sabe querer.

Además, es que lo bueno se graba más que lo malo. Es decir, un acierto a la semana, en la que hay unas 300 ocasiones diferentes de educar bien, tiene más peso —se graba más en la experiencia y sensaciones, emociones y autoestima del hijo/a, por tanto, en su aprendizaje—, que las 299 en que se falló. Igual que si comemos 299 bocadillos de jamón de york se nos quedará más grabado el único bocadillo de jamón ibérico 100% de bellota que comamos. O igual que si estuviéramos dos días sin comer nada y tras ellos nos dieran un bocadillo de jamón york, lo recordaríamos toda nuestra vida como el mejor bocadillo, por encima de los de jamón de bellota que comimos con menos hambre. Porque lo bueno se graba más que lo malo y lo acostumbrado.

Acertar alguna vez de vez en cuando es nuestro objetivo. Con cierta frecuencia, mejor semanalmente. Basta una vez de las muchas que hay, y mejor en fin de semana, que se graba aún más, en familia. El resto lo pondrá la libertad, la inteligencia y la bondad de nuestro hijo/a.

# 11. COMBATE TU ESTRÉS, SI YA LO TIENES ENCIMA, ESCUCHANDO A TUS TRES CEREBROS

Si ya tienes encima el estrés, es hora de quitártelo.

Nada bueno nos aporta el estrés. Como dijimos, algunos pueden pensar que ellos/as solo rinden con estrés, es decir, que hasta que no se ven apurados no se ponen en marcha todo lo que son capaces de dar. Es un extra de motivación poco inteligente pero extremadamente vital que sentimos los humanos, más los humanos ya acostumbrados a estar muy atareados y a tener que posponer muchas cosas que no caben en una sola agenda. Pero sepamos que el punto de este «estrés» al que consideramos «bueno» se convierte pronto en lo que técnicamente (desde el punto de vista médico) puede llamarse *distrés*, y entonces es el que nos paraliza, nos hace huir o nos deprime; aniquilando nuestra capacidad y destruyendo nuestra eficacia, alimentando nuestra autodestrucción y socavando nuestra autoestima y satisfacción. La situación nos supera entonces y ya lo que era un reto se convierte en una prisión que nos esclaviza y atormenta.

Nada de estrés (distrés): ¡fuera!

El primero que siente la cercanía del estrés que nos perjudica suele ser nuestro estómago. Atentos a él. El ser humano tiene tres cerebros. Poco inteligente sería no atender a las indicaciones de los tres: el cerebro mental, el cerebro de nuestro estómago y el cerebro de nuestro sexo. Cierto que no tienen la misma importancia: pero escuchemos a los tres, para gobernarnos el todo único que somos cada uno y cada una.

—El sexo (sentimos en nuestros genitales las primeras sensaciones) nos indica que estamos alterados, con una inquietud que empieza a desbordarnos.
—Lo mismo ocurre en la acumulación de preocupaciones, ocupaciones o pensamientos en nuestra mente.
—Y también en nuestro estómago: que se altera sin causa alimenticia y nos señala que aumenta en nosotros un nerviosismo incluso antes de saber por qué.

Cuando sintamos que el estrés se acerca en nuestro estómago, o a cualquiera de nuestros tres cerebros, hemos de iniciar el mecanismo de evacuación, como actuaríamos inteligente y prudentemente ante un fuego u otra alarma.

La forma de combatir el estrés entonces es cuádruple, como un cuadrado:

FÍSICA

SENSORIAL | *Situación de asedio por estrés* | RELACIONAL

EMOCIONAL

1. FÍSICA:
—Pasea a algo más de velocidad que en un paseo puramente recreativo.
—Haz ejercicios de gimnasia en casa.
—Salta a la comba.
—Haz deporte.
—Golpea un saco de boxeo.
—Haz arreglos pendientes en casa u ordenando trasteros, estanterías, limpiando.
—Respira profundamente (respira hondo con tu diafragma —la barriga— durante 3-4 tiempos, aguanta la respiración 3-4 tiempos y suelta el aire también en 3-4 tiempos, expulsando al tiempo tu tensión).

—Haz otros ejercicios de relajación de un minuto o cinco.
—Baila sin medida, a lo loco, con música movida mejor.
—Canta.
—Échate una siesta de 30-40 minutos.
—Juega a un juego de mesa con tus hijos/as y tu marido/ mujer si puedes.
—Escucha música relajante.
—Ríete a carcajadas, con ganas o sin ellas.
—Llora sin límite.
—Mueve las manos, los pies, los brazos y las piernas.
—Escribe un diario, no todos los días, sino solo cuando te apetezca, donde cada anotación (breve: de una sola línea, o lo larga que quieras) pero que empiece siempre por la expresión: «A veces pienso que...» y lo que se te ocurra después: pensamientos, sentimientos, sensaciones, impresiones; lógicas o no.
—Masajéate tú mismo/a (si no lo puede hacer alguien) los pies y las orejas.
—Cierra fuertemente tus manos con presión y suéltalas de golpe, como si dejaras escapar la tensión al hacerlo.
—Haz lo mismo con los dedos de los pies.
—Masajéate tú mismo/a (si no lo puede hacer alguien) tu cuero cabelludo, comenzando por la nuca y dándole dos vueltas a cada centímetro de todo el cuero cabelludo.

2. SENSORIAL:
—Ponte descalzos o con calcetines deslizantes si tienes frío.
—Date un baño de agua caliente.
—Huele un limón.
—Huele lavanda.
—Huele canela.
—Huele albahaca.
—Tómate una infusión doble de tila, manzanilla, poleo o menta-poleo.
—Escucha música relajante.

3. RELACIONAL:

— Abraza a tu mujer, tu marido o tus hijos.
— Llama a un amigo/a por teléfono.
— Queda con un amigo o amiga, que te hable de sus cosas y dale tus consejos.

4. EMOCIONAL:

— Piensa en lugares agradables, bonitos, del mundo, relajantes o estáticos, por ejemplo, la Torre Eiffel, el Taj Mahal, un lago, una montaña, el Everest, un paisaje familiar…
— Piensa en adjetivos de bienestar como tranquilo, aliviado, sereno, pacífico, agradable, encantado, risueño, plácido, cómodo, relajado…
— Piensa en verbos agradables como vivir, disfrutar, ser feliz, estar bien, ser amado, amar, compartir, comunicarse, ser comprendido, ser consolado, agradecer, recibir, ayudar, viajar, estar desayunando en una terraza mirando al mar…
— Piensa en alguien a quien puedes ayudar y llámale.
— Piensa en una ONG o iniciativa con la que puedas colaborar y da el paso de hacerlo.
— Dedica 10 minutos por la mañana y 10 por la tarde a pensar solo sobre lo bueno que te pasa en la vida, lo mucho recibido y lo agradecido que has de estar.

Combinar estas cuatro formas de rebajar nuestro estrés hasta eliminarlo, es decir, reaccionar ante los síntomas de estrés en la situación en la que nos encontremos desde estos cuatro frentes, aumentará sin duda la eficacia de la evacuación de nuestro estrés o distrés; y además será muy saludable para nuestro estado general.

# 12. CORRIGE SIN ESTRÉS, NO CASTIGUES NI PREMIES ENFADADO/A O EUFÓRICO/A

Corregir estresado/a genera mucho más estrés, de manera que quien corrige estresado potencia su estado multiplicando sus reacciones: si de enfado, de más enfado; si de alegría o euforia, de más euforia..., y es menos eficaz en lo que necesita transmitir o conseguir.

Los hijos/as aprenden demasiado pronto a tolerar que una madre o un padre griten, se enfaden, se pongan nerviosos, y se hacen inmunes a sus mensajes verbales cuando están así. De modo que gritar fomenta la desobediencia sin darse cuenta el hijo/a y la madre o padre. Cuando alguien grita, otro aguanta o grita más, pero lo que debe hacer pasa a un segundo plano o se ignora simplemente, porque lo prioritario es aguantar y esperar que pase o defenderse, contraatacando con mayores gritos o enfados.

Por tanto, en ningún caso compensa estresarse.

Si obedece el hijo/a, la reacción de su madre, padre o educador deberá ser de satisfacción y recompensa (entre esas recompensas, que no deben o al menos no tienen por qué ser materiales, se ha de tener presente que la admiración por lo obedecido es lo que más le llena).

Si no obedece, la reacción del padre, madre o educador deberá ser de insatisfacción y recompensa (teniendo en cuenta en este sentido que nuestro gesto de desagrado, pese a la paciencia, le afecta más y es más educativo que el castigo de privarle de algo, aunque disimule lo contrario).

Todo hijo/a requiere entender que la reacción de los padres, madres y educadores son la consecuencia natural de lo que él o ella hizo, no la consecuencia de su estado de ánimo. Por eso es conveniente no enfrentarle a los castigos o consecuencias negativas cuando actuó mal cuando se está enfadado, para que entienda que el castigo es el resultado de su acción, no de nuestro desagrado; como es conveniente igualmente que, cuando le premiemos o enfrentemos ante una consecuencia positiva por su actuación, no lo hagamos en un estado de euforia, para que entienda que no le premiamos por nuestro estado de ánimo, sino por su acción meritoria.

Para que el hijo/a aprenda esta enseñanza vital, importantísima en su futuro y en su responsabilidad y desarrollo de la libertad, les ayudará mucho los gestos de sus padres, madres y educadores. Gestos que deben demostrarle que no se castiga por enfado ni premia por entusiasmo, sino que el enfado o entusiasmo es una de las consecuencias que se añaden a la satisfacción o insatisfacción que educadores, padres, madres y ellos o ellas mismas obtienen por actuar de una u otra forma, con independencia del estado anímico.

Por ello es bueno esperar cuando estemos muy eufóricos o enfadados y limitarnos a anunciar que su actuación tendrá consecuencias naturalmente (positivas si actuó bien, negativas si mal), y que por eso cuando pase la intensa emoción que se siente en ese momento, se le dirá el premio o castigo que su acción merece, por la acción misma y todas sus consecuencias (incluidas nuestra herida o admiración), pero sin depender emocionalmente de nosotros ni otros, sino de él o ella misma, la realidad de lo hecho y su libertad, su responsabilidad..., de su actuación en definitiva, no de quien castiga o premia.

# 13. QUITA ESTRÉS A LAS NOTAS Y A OTROS RESULTADOS

Saque buenas o malas notas un hijo/a, sus notas no dicen nunca lo que son ni siquiera lo que han hecho o no hecho.

Parece contradictorio, pero es así. Mi experiencia lo confirma en los seis centros donde he impartido clases y he asistido a cientos de sesiones de evaluación de muy variados claustros, con más mujeres que hombres o lo contrario, según el centro, en cuatro comunidades autónomas, en distintas etapas: Educación Primaria, Educación Secundaria, Bachillerato y 1º, 2º, 3º y 4º curso de Grado de Universidad o Profesor de Título de Experto Universitario y de Máster Oficial Universitario. Es decir, lo digo pensando en todas las edades y en todas las asignaturas, materias, áreas, competencias, estándares y en las últimas cinco leyes que son las que he visto aplicar más o menos en las evaluaciones desde que empecé a dar clases en 1993, y la experiencia es que las notas mienten.

Las notas no hacen daño, sí quien caiga en el error de interpretarlas como si una calificación en un boletín o un examen dijera lo que el alumno/a sabe objetivamente, lo que ha estudiado en realidad o —mucho más grave el error— lo que el alumno/a es (algunos profesores/as dicen: «ha sacado seis suspensos… es que es muy vago… o muy torpe»).

Las notas mienten porque no dicen lo que hay de trabajo tras ellas (hay quienes sacan 10 y no trabajan tanto como los que sacan 4), ni lo que hay de sabiduría (hay quienes copian o memorizan y sacan 10 y saben menos que los que sacan

3 si es porque se han equivocado de enunciado y se saben los dos), ni de inteligencia (los más inteligentes de la clase por estadística no suelen ser los que mejores notas sacan: los estudios estadísticos lo confirman y en mis años de docencia lo he visto rotundamente).

Las notas mienten, en mayor o menor medida. Quizás no haya más remedio que tenerlas; ese no es el problema, el conflicto se genera cuando se toman como un indicador de la realidad escondida, cuando en verdad son una falsedad, aunque sea bien intencionada, si lo es.

Sobre por qué mienten las notas y cómo influyen en el resultado final de una calificación aspectos tan subjetivos como:

— el momento en que se pone un examen,
— el momento en que se hace,
— si es un día con luz, lluvia,
— en el que se está cansado, si se ha dormido bien o no,
— si se siente optimista el profesor cuando lo pone y el alumno/a cuando lo hace,
— el estado de ánimo o si se respiraba oxígeno renovado al redactarlo o contestarlo incluso.

Y mucho más que influyen en una nota, cómo y por qué lo hace, dediqué un capítulo específico en el libro *Tu hijo a Harvard y tú en la hamaca* (Espasa), y por eso no me extiendo al respecto aquí, pero sí recordaré que el resultado de una nota, media aritmética resultante incluso si fuera el caso de más de 15 notas independientes, es el resultado de un cúmulo de parciales resultados obtenidos donde no se tienen en cuenta por ejemplo la presión del momento de hacer el examen o la de estudiarlo (malestar, enfermedad, conflictos afectivos domésticos, ilusiones predominantes, desbordamiento emocional si esa semana fue o será su cumpleaños o vendrá a verle su abuela a la que no ve hace seis meses, etc.). Como no tiene en cuenta realmente si la lateralidad cruzada le afecta, o la inseguridad, la falta de confianza, de autoestima, una dislexia encubierta... y si alguien en algún momento de Primaria o después le enseñó eficazmente o no a estudiar los diferentes formatos de cuanto se le pide que estudie.

¿Cuál es la vara justa de medir aplicable a un ser único como es cada alumno/a? ¿La del profesor? ¿No es acaso verdad que, si hubiera sido otro el profesor/a tocado en suerte un curso, el alumno/a podría haber tenido otra nota, poco más alta o baja? Y en función de ello, ¿no variaría el concepto de sí mismo/a, su autoestima, su motivación para estudiar más, su futuro académico o profesional?

Por tanto, hay que reducir las notas de un hijo/a a una cuestión administrativa, nunca familiar (yo diría que ni siquiera escolar, pero al menos empecemos por que no determine la relación familiar). Es preciso y justo rebajar su importancia y sustituirlas por lo que significan en realidad. Centrarse en lo que sí es importante:

— si estudia o no,
— si trabaja o no,
— si sabe hacerlo,
— cuánto,
— cómo,
— por qué estudia,
— para qué,
— dónde,
— con qué gasolina y motivación,
— con qué resultado familiar y ánimo;
— si aprende,
— qué aprende
— y cuántas cosas, importantes, aplicables el día de mañana;
— si lo hace con sentido y con gusto;
— si aprende a soportar y sortear las imperfecciones también del sistema o profesorado, centros o autoridades;
— a responder cívicamente ante las agresiones,
— a resolver conflictos en el ámbito escolar o ayudar en lo que está en su mano a resolverlos...

# 14. CÁMBIALE EXTRAESCOLARES (ACADÉMICAS Y OTRAS) POR DOSIS DE MÁS OXÍGENO Y VIDA

*—¿Qué haces por las tardes?*
*—Nada, no tengo tiempo.*

Blanca me dijo esto cuando tenía solo 8 años. Tenía los martes y jueves clase de inglés, los lunes y jueves pádel, los lunes y miércoles conservatorio, una hora de tarea diaria, una hora semanal con un logopeda, y los miércoles y viernes una hora y media de fútbol, y el sábado dos horas.

*—¿Y para qué te gustaría tener más tiempo?*
*—Para estar en mi casa, jugar con mi hermana, hacer cosas..., tener que esperar a que llegue la hora de bañarme y luego cenar, sin tener que salir de mi casa.*
*—¿Por qué te gustaría estar toda la tarde en tu casa?*
*—Me encantaría, es donde mejor se está. Con mi padre y con mi madre, y mi hermana. Sin tener que hacer nada más que estar juntos y jugar. Eso sería la caña.*

A David el estrés le asediaba más:

*—¿Qué tienes que hacer mañana por la tarde?* —le pregunté.
*—Mañana, como es miércoles, a las siete vendrá mi padre a recogerme a casa de mi madre, pero antes iré a clase de inglés y tengo que hacer la tarea, porque si no, cuando llegue a casa de mi padre no me dará tiempo a deshacer la maleta y organizarlo todo, y además*

*estudiar para el examen de Sociales del martes que viene, que con mi padre lo estudio mejor. Pero no creo que me dé tiempo, la verdad. Puff, me agobia pensarlo.*

A muy temprana edad, 7, 8, 10 años, los niños/as se están viendo obligados a aprender a convivir con dualidades como:

Lo que le gusta a mamá / lo que le gusta a papá
Lo que he de hacer / lo que me gusta hacer
Lo que sé hacer / lo que he de aprender a hacer
Lo que no quiero / lo que debo
Lo que no me apetece / lo que he de probar a ver si me gusta
Lo que me gusta / lo que no me da tiempo
Lo que disfruto / lo que me estresa
Lo que me gusta / lo que gusta a mis padres
Lo que me conviene / lo que mis padres creen que me conviene
Lo que necesito / lo que necesitan mis padres
Lo que me posibilita la felicidad / lo que mis padres me organizan esperando que yo sea feliz

En el deseo de felicidad de los hijos/as es en el que confluyen padres, madres y los propios hijos/as.

Pero para ello es preciso simplificar las tardes de los niños/as, darles oportunidad de aprender a gestionar su aburrimiento, sus vacíos, y sobre todo a no sentir estrés, al menos hasta que esté más preparado para gestionarlo, pasados los 19 años.

El estrés y sus nocivas consecuencias apuntadas en los primeros capítulos minan de forma particular a los niños y niñas que aún están creciendo, madurando en su desarrollo, formándose aún desde el punto de vista neurológico, personal, intelectual, emocional y social.

Una de las principales tareas de todo padre y madre es asegurar la vida de su hijo/a, procurarle un hogar seguro, un refugio libre de agresiones tortuosas, donde pueda ser él/ella misma sin miedo a ser reconocida/o; donde obtenga más *likes* o más profundos de lo que lo hace fuera de ese hogar. Un hogar —en lo posible— libre de agresión, de fachadas, de mentiras… y de estrés.

Hacer muchas actividades, aprender a hacer muchas cosas, a practicar varios deportes, a tocar varios instrumentos, a hablar y entender varios idiomas, no lo hace tan completo ni tan preparado para su vida profesional de mañana, ni para su vida familiar ni personal, como ser feliz y aprender a estar, educadamente, a aburrirse provechosamente, a pensar, a reflexionar, a escucharse a sí mismo y a ser ella o él mismo/a. Para después aprender más lenguas o lo que quiera.

Hoy los hogares están llenos de niños y niñas competentes, que saben defenderse en el ámbito deportivo, académico, musical, artístico, de los idiomas…, y pese a ello con baja autoestima y con indicadores de soledad e individualismo, con pocas probabilidades muchos de ellos de la auténtica felicidad, la que es posible junto a las dificultades y problemas, los de la vida real.

Las actividades extraescolares, deportivas, idiomáticas, musicales, artísticas o del tipo que sean, son interesantes sin duda, aportan al ser humano una formación útil, aprovechable para la vida real. Pero ha de asegurarse que no ocupa el único tiempo que queda para poder aprender, después de una extenuante jornada escolar, lo más importante:

— descubrir el lugar y papel de cada uno,
— cómo aceptar las consecuencias de su libertad y
— cómo querer, cómo aprender a demostrar ese cariño y amor,
— cómo aprender a gestionar sus emociones, su variedad y su gobierno, su reconocimiento y su aprovechamiento.

Lo más importante se aprende en casa y en un tiempo extraescolar, en una relación familiar, sin referencias académicas. Ese tiempo no puede por ello estar ocupado por tareas muy parecidas a las escolares: intelectuales, de habilidades deportivas o cualquier otra. El deporte es importante, la competencia en el idioma internacional es importante, la habilidad musical o artística aporta una variedad de registro importantísima, pero lo esencial que necesita un niño/a se aprende mejor en otros ámbitos. Lo familiar y el aprendizaje de la libertad responsable a veces se hace incompatible con una agenda frenética a una edad demasiado temprana.

«Lo hacemos por él/ella», dicen sus padres y madres. Lo podemos imaginar con facilidad, y comprender, naturalmente. Pero la realidad se escapa y la felicidad a veces también en una agenda repleta. Lo experimentamos incluso los adultos demasiadas veces; por ello, acostumbrar a los hijos/as a hacerlo tan tempranamente es menos beneficioso de lo que parece.

Lo esencial en verdad no es ser habilidoso, saber muchas cosas, sino lograr sentirse parte del equilibrio familiar, tener una adecuada autoestima, junto a los demás elementos que conforman su salud emocional, entre ellos:

- —concepto positivo de sí mismo/a;
- —autoestima;
- —autocontrol;
- —automotivación;
- —tolerancia a la frustración;
- —aceptación de su papel en cuanto le pasa;
- —interpretación de la realidad;
- —recibir y dar afecto;
- —asertividad: decir NO;
- —empatía y habilidad social.

Y todo esto se aprende mejor en casa, junto a las claves para facilitar que aprenda a ser feliz:

- —superar obstáculos,
- —que todo tiene consecuencias,
- —a querer de verdad desinteresadamente
- —y lo extraordinario que tiene todo lo ordinario.

A ser feliz se aprende en casa, de una familia amable y amante, en un tiempo extraescolar.

Aprovechar el tiempo es enseñar a ocupar el tiempo extraescolar —con libertad, responsabilidad, voluntad— en lo más importante, en lo que sostendrá su felicidad de hoy y la sostendrá sobre todo mañana, cuando la vida avance y haya sido necesario aprender a ser feliz, de unos padres y madres felices, desocupados respecto a lo menos importante y ocupados en lo esencial del mundo y el ser humano: ocupados en ellos/ellas, lo más importante que tienen. Pero con la medida que se pueda. También esto sin estrés.

## 15. ELEGIR TANTO AGOTA: «MI MAMÁ ME MIMA, MI MAMÁ ME ESTRESA (Y MI PAPÁ MÁS)»

El hijo e hija feliz ocupa un lugar único y adecuado en el engranaje familiar. Tiene su propia posición en el grupo de los hijos y de toda la familia: sobrino, nieto, primo... (esta posición hace de eje personal de coordenadas).

Toda persona, además, tiene tres depósitos que llena al tiempo, con vasos comunicantes: su depósito personal e íntimo, su depósito familiar —intermedio entre uno y otro— y su depósito social, el de la relación con otros familiares, los amigos, la escuela, los vecinos... (su eje de abscisas).

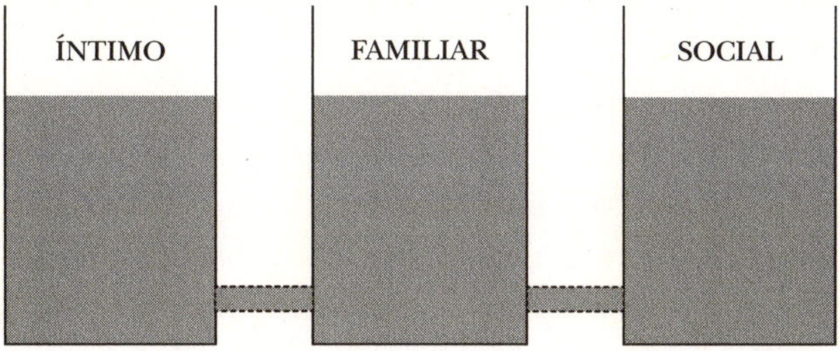


Lo ideal es tener los tres llenos, o casi llenos, y con poca diferencia de contenido de uno a otro.

Para encontrar el equilibrio de la madurez, satisfacción consigo mismo y reconocimiento, a un hijo e hija le conviene desarrollarse desde una posición diferente que la posición de su padre y madre. Le conviene para darle seguridad en sí mismo/a, confianza, reforzar su personalidad, posibilitarle crecer en hábitos saludables, cívicos, solidarios, de convivencia, tolerancia, respeto, realidad, eficacia, amabilidad, para ser aceptado, valorado y querido, fuera y dentro del ámbito familiar; comprender, aceptar y protagonizar heroicamente el cuidado de otro familiar, sentirse útil al hacerlo, valioso.

Un niño que no tiene que decidir muchas cosas que ya están decididas, como qué ha de comer para tener una dieta equilibrada, o qué ha de escoger entre hacer tareas o jugar, entre ayudar a poner la mesa al comer o seguir en el sofá mientras otros la ponen, es un niño o niña al que se le simplifica adecuadamente la vida.

Todo hijo/a merece de sus padres la oportunidad de ser héroe o heroína. Dejarle que elija mucho es bueno, dejarle que elija todo o lo que no le conviene le perjudica.

—*Es muy duro tener que ser a cada instante el cabeza de familia en mi casa* —me decía Jaime, de 17 años—. *Ahora a ver dónde vamos de vacaciones este agosto.*

—*¿Preferirías que tus padres lo decidiesen?*

—*Claro, aunque luego yo proteste si no me gusta.*

Genera enorme estrés hacer de padre cuando se es hijo. Igual que al padre hacer de hijo y tener que obedecer los caprichos de este.

Cada uno tiene su posición, en función de su madurez. Es verdad que, ocasionalmente, un hijo puede verse obligado a tener que recurrir a su propia madurez para exigir a un padre más inmaduro en algo. Por ejemplo, un hijo que exija a su padre que disminuya su consumo de alcohol, tabaco u otra adicción o costumbre que ha convertido en manía. Pero solo ocasionalmente. Para eso son familia. Los papeles en una familia son flexibles en virtud del momento y la necesidad. Pero los hijos siguen siendo hijos y solo pueden cambiar su posición si se sienten héroes al hacerlo y, con generosidad y sacrificio salvan a su familia de conflictos por ello. Nunca por capricho.

Los hijos deben elegir mucho, pero menos de lo que lo hacen habitualmente en una familia sobreprotectora, es decir, una familia en la que los padres *sustituyen* a sus hijos en lo que pueden hacer con algo de esfuerzo y con la satisfacción de ser héroes. Muchos hijos se acostumbran a renunciar al heroísmo y a su satisfacción, próxima a la felicidad, con tal de evitar el esfuerzo que requieren y se hacen cada vez más apáticos, ineficaces, intolerantes a la frustración y a la contradicción, inseguros, susceptibles, agresivos, y poco valiosos en consecuencia.

Elegir agota, responsabilizarse de las elecciones que se toman y de sus consecuencias es algo que hay que aprender a hacer poco a poco, conforme maduramos. Demasiada responsabilidad angustia, bloquea, genera ansiedad y es injusta. Por eso hemos de elegir, mandar, decidir —como se quiera expresar— los padres y madres, que somos más maduros y hemos aprendido a ser más responsables y no tuvimos que serlo a destiempo.

La mayoría de los padres y madres quieren muy intensamente a sus hijos e hijas. Pero es preciso en esta Generación Z y A de hijos, aprender a querer y proteger, sin sustituirlos.

El cariño nunca es excesivo, pero querer no es mimar. Mimar a un niño es sustituirlo. Y sustituir a un niño genera consecuencias que no deseamos:

— su autoestima baja decisivamente,
— aprende a querer menos desinteresadamente,
— se frustra más por menos,
— se ahoga ante problemas que no son tan graves,
— se siente querido, pero no se siente valorado como merece,
— culpa a los demás,
— miente,
— manipula,
— se hace la víctima,
— debilita su fuerza de voluntad,
— desobedece,
— es desafiante cuando se siente contrariado,

— es muy influenciable,
— tiende a la ansiedad,
— a la deslealtad,
— no admite la corrección,
— se vuelve susceptible,
— todo el que le contradice le parece hostil,
— siente apatía,
— se refugia en su móvil,
— reacciona desproporcionadamente,
— pierde habilidades sociales,
— se siente solo,
— es infeliz.

Los padres y madres deben proporcionarles a sus hijos, a los que quieren mucho, la posibilidad de equivocarse, sentirse mal y rectificar. Usain Bolt con toda seguridad se caía al suelo cuando empezó a dar sus primeros pasos y nadie dijo entonces: «¡Cómo va a ser uno de los mejores atletas de la historia si no es capaz de mantenerse en pie cuando anda solo 50 cm!». Ya era Usain Bolt, pero debía aprender primero a andar, a correr y a competir después; antes por tanto debía caerse y aprender a hacerlo mejor por sí mismo, con ayuda de sus padres, pero sin que estos andaran ni corrieran por él.

Usain Bolt, *recordman* mundial, uno de los mejores velocistas de todos los tiempos.

Junto a una madre que mima, como es lógico, está a menudo un padre que también mima o mima más. Los padres y madres, equivocadamente y sin mala intención han optado por la *sustitución*, la *hipersobreprotección*, como manifestación de cariño hacia sus hijos, provocando que el hijo/a no aprenda cómo se quiere de verdad y las exigencias que requiere la superación de obstáculos, el logro de objetivos que se proponen, el heroísmo, una vida virtuosa y la satisfacción personal.

Cada día se ve con más frecuencia esta actitud hipersobreprotectora en padres varones que buscan hacerse más necesarios mediante el intento de evitar todo fracaso a su hijo, cargar sobre sí mismo las dificultades de obstáculos que corresponden a su hijo, como por ejemplo en gestos tan elocuentes como llevarle su mochila a ruedas cuando entra al colegio. El hijo puede llevarla, pero a él —tampoco a la madre— le importa llevarla, puede con ella. Prefiere hacerlo y sentirse necesario, y descargar de la penuria a su hijo, sustituyéndolo, perjudicialmente.

Un padre lleva la mochila de su hijo de camino al colegio.

# ENTENDERLE MEJOR REBAJA EL ESTRÉS DE TODOS: SU GENERACIÓN Y SU TECNOLOGÍA

# 16. ENTENDER A QUÉ GENERACIÓN PERTENECE MI HIJO/A Y CÓMO ES

Dicen que antiguamente, muy antiguamente, los padres, madres y los hijos e hijas pertenecían a una misma generación. Quizás. Lo cierto es que, llegado el siglo XX al menos, descubrimos que había una brecha generacional entre hijos y padres. Se trataba de una brecha lógica, de desencuentro, llevadera según cada cual, natural: un cambio generacional.

Entonces las generaciones, hasta la década de los 80, duraban aproximadamente treinta años: la edad media de distancia entre padres e hijos. Pero llegó internet y lo empujó todo, lo aceleró y lo amontonó. Las diferencias naturales se agolparon y ya no solo los intereses, gustos, la comunicación o costumbres variaban entre generaciones, sino que había un idioma DIFERENTE, un espacio diferente, un mundo muy distinto y una interpretación de lo de siempre radicalmente distinta. ¡*Wow*!, podríamos exclamar (en inglés, porque desde esos años el español «¡guau!» empezó a sonar a ladrido). Y además entraban agentes en la convivencia familiar como el Estado (asignatura de ciudadanía y otras), Google, Facebook, Youtube, Tuenti en su día, luego Twitter, Whatsapp, Instagram... redes sociales, y los amigos se hicieron invisibles para los padres/madres y su influencia indetectable a tiempo.

A partir de aquellos años 80, las generaciones empezaron a sucederse a golpe de innovación tecnológica y se redujeron a 15 años, variables según las innovaciones.

El resultado hoy es que, si tienes un hijo o hija mayor, nacida entre los años 1981 y 1994, tienes un hijo/a de la

«Generación Y», una generación analógica y digital. Si no sabes bien la distinción entre analógica y digital, no te preocupes, es que tú perteneces —como yo— más a la que llaman analógica y tú llamas «la mía» o «la de siempre»; pero también «la tuya» duró solo treinta años y era diferente de la de tus padres, aunque ahora la recuerdes parecida, porque todo lo actual, en comparación con lo anterior, es radicalmente diferente, en apariencia.

Pero puede —muy probable, cada año más— que no seas analógico/a solo, sino que ya seas tú uno de esos miembros de la Generación Y, los llamados también *Millennials*, nacidos desde 1981 hasta 1994.

Aunque nos detendremos pausadamente en la Generación Z (la de los hijos nacidos entre 1981 y 1994) y A (entre 1995 y 2010), por si eres padre/madre *millennial* y tienes hijos de 25 años o mayores, comenzaremos por explicar —para servir a todos— cómo son los hijos *millennials*, de la Generación Y:

## LA GENERACIÓN Y, LOS *MILLENNIALS*

—Nacieron entre 1981 y 1994.
—Vivieron la creación de internet.
—Experimentaron los inicios de la globalización.
—Individualistas: creen que nadie podrá solucionar sus propios problemas y que a nadie interesan o no al menos con la intensidad que a ellos.
—Narcisistas.
—Defienden una vida sana, con dieta saludable más allá de la dieta mediterránea de sus padres.
—El relativismo pasa a una cultura *new age* que se extiende a todo.
—Se ponen de moda los selfis, también acompañados.
—Defienden que vivir más es vivir al límite: proliferan los deportes y conductas de riesgo.
—Viajar es empaparse de las culturas ya asequibles a

todos mediante internet y la popularización de los viajes: se sienten ciudadanos del mundo.
—Su ideal es trabajar en una gran empresa multinacional o de prestigio nacional.
—Necesitan moverse continuamente, cambiar, renovarse para sentir que siguen contando con ellos, que están en juego.
—El rasgo principal que los define es la frustración. Por eso es tan frecuente hablar con madres —sobre todo— y con padres, *millennials* (que nacieron entre los años 80 y 90), y escucharles cómo se culpan de lo que ocurre a sus hijos, a su familia, a ellas y ellos mismos. El hastío se ha apoderado de la mayoría de *millennials*.
—Desean progresar en el trabajo y aumentar su reconocimiento en él.
—Usan internet el 68%.
—El 65% usa a diario el móvil (*smartphone*). El 88% de ellos/as se conecta a diario a internet a través del móvil.
—Poco más de la mitad, el 63%, tiene cuenta en alguna red social.
—Prefieren escribir un texto corto que mandar una imagen.
—Comparten la mayoría de los contenidos recibidos.
—Las aplicaciones que más emplean son Facebook, Twitter, Netflix y Youtube.

*Millennial* hoy es sinónimo de adolescente. Entre 2018 y 2019 de hecho este término triplicó el uso del de *adolescente* con el mismo significado en Google. Y titulares como el aparecido en el diario *El Mundo*: «*Spiderman se hace millennial*», para presentar la película *Home coming*, significaba que se hacía adolescente el protagonista.

Pero si tu hijo o hija nació después de 1994, es que tu hijo no es *millennial* y no pertenece por tanto a la Generación Y, sino a la siguiente, a la Generación Z, la predominante entre los hijos/as de hoy, cuyos rasgos también han cambiado.

## GENERACIÓN Z, LOS *ZILLENNIALS*

—Nacieron entre 1994 y 2010.

—Suponen hoy casi dos mil millones de personas en el mundo, un 25% de la población, y unos 8 millones en España, un 15%.

—El rasgo más definitorio de los nacidos/as después del 95 es ser irreverentes. Se rebelan ante los padres/madres, ante los docentes, la policía, los semáforos —cruzándolos en rojo—, responsables de un establecimiento, autoridades en general: piensan que si ellos llevan razón no han de hacerles caso a las autoridades si no la llevan según ellos.

—El 90% usa internet y el 81% tiene su propio móvil (*smartphone*). De los que lo tienen, acceden el 90% a internet desde él, individualmente.

—Lo que más comparten en internet son, en orden: música (73% de los *zillennials*), bromas y memes (60%), juegos (50%), series o películas (48%), información de amigos (48%), noticias (30%).

—Prefieren mandar imágenes para comunicarse más que breves textos.

—Más que compartir los contenidos que le llegan, la mayoría genera los propios contenidos que comparte, aunque sea imitando otros previos.

—Desean ser sus jefes antes que trabajar en multinacionales o empresas de prestigio nacional.

—El 75% posee una cuenta en varias redes sociales.

—Utilizan sobre todo Instagram, Youtube, Snapchat, Spotify, Vine, Periscope.

—No pretenden tanto ascender en los puestos de su trabajo como tener éxito personal en ellos. Les importa más su resultado y prestigio personal que participar en el resultado y prestigio de la empresa.

—Ya no esperan triunfar en una gran empresa como hacían los *millennials,* sino que el 73% de los nacidos entre 1995 y 2010, la Generación Z, esperan ser su propio jefe el día de mañana. Esta es una muestra más de su irreverencia como rasgo predominante. Los padres/madres han de tenerlo en cuenta y no sorprenderse ante el desafiante malhumor que muestre un hijo o hija con casi todo lo que le contraríe, más allá de lo que siempre se dio en toda adolescencia.

—Los Milennials tienden a creer que querer es apetecer. No comprenden que se pueda querer estudiar y no apetecer hacerlo: Pedro era un chico de 2º de ESO, muy inteligente, de alta capacidad, que despuntaba en el conservatorio de música y que suspendía 6 o 7 según la evaluación en Secundaria. Quería no hacer 3º de ESO al año siguiente, porque deseaba derivarse a la Formación Profesional Básica, «porque era más fácil», decía.

—*Tú quieres estudiar, pero no te apetece* —le dije.

—*No. No quiero. ¿Cómo es posible querer algo que no apetece? Si no me apetece entonces no lo quiero y ya está.*

—Y es que esta es otra de sus características: los obstáculos no se saltan, se evitan. Huyen, por tanto, de los obstáculos. Creen que es más inteligente y exitoso cambiar de objetivo si hay un obstáculo que exija un esfuerzo el conseguirlo, antes que aprender cómo salvarlo. Solo cuando todas las opciones que se le presentan son obstáculos, entonces escogen entre ellos el menor para intentar salvar ese, sin seguridad.

—Son omnitecnológicos: su ocio, juegos y lectura, estudio, aprendizaje, relaciones sociales, familiares incluso, compra, venta, asociación, comunicación, etc., pasa por alguna herramienta tecnológica.

—Creen que han de aprender y cambiar el entorno sin contar con los padres, madres ni docentes.

—Las consultas personales las hacen más a webs que a familiares o amigos.

—Confían en que la inteligencia artificial (Siri y otros asesores virtuales) mitigarán su sensación de soledad y su necesidad de respuesta y comunicación.

—Se sienten propicios a todo cambio y renovación. «Renovarse o morir» justifica su necesidad de movimiento y hastío.
—Desconfían de todo lo tradicional, lo heredado y las costumbres familiares.
—Se apoyan más en su hemisferio cerebral derecho (el más creativo, intuitivo, imaginativo, el de la capacidad de síntesis, la intuición, las emociones y los ideales grandes) que las generaciones anteriores.
—Son más empáticos y globalmente solidarios, sobre todo con las necesidades lejanas.
—Tienen baja autoestima.
—Sienten pronto apatía por muchas de las cosas que empiezan con ilusión.
—Su motivación caduca al poco de originarse: dura poco, antes de llegar a fructificar.
—Creen que tienen derecho a comenzar cuando lo sientan y no se le tengan en cuenta las consecuencias de los errores cometidos.
—Creen que se pueden hacer compatibles estilos de vida contradictorios al tiempo.
—Prefieren no elegir a renunciar a una opción.
—Son impulsivos e inmediatos, y tienen poca fuerza de voluntad si no se emocionan con un resultado pronto.
—Se dejan observar y analizar por muchos algoritmos tecnológicos, creyendo que le facilitan la funcionalidad de cuanto hacen.
—Interpretan la realidad como una película, en fotogramas, y los hechos como una secuencia cinematográfica.
—El 96% no han aprendido a leer completamente.
—Influyen en el 93% de las compras que se hacen en una casa.
—Más de mil millones de usuarios de Youtube son de esta Generación Z y suponen el 60% de sus usuarios.
—El 40% de las compras de tecnología en una plataforma como Amazon lo hacen *zillennials.*
—Pese a lo que pueda parecer, compran más ropa (55%)

que tecnología (52%), igual que música y libros (52%) y juguetes o juegos de mesa (50%).

—En 2019 casi 530.000 menores de 18 años sufrieron acoso en las redes sociales. De esos muchos eran de la Generación Z, que tenían entre 25 y 9 años.

—El cociente intelectual medio según las estadísticas ha bajado a 90, si tenemos en cuenta las últimas tres mediciones de 2015, 2016 y 2017.

## GENERACIÓN A, LOS *ARTIFICIALS*

—Nacieron entre 2010 y 2020 con las redes sociales y la expansión de Instagram y terminará presumiblemente en 2025, con la difusión popular de la inteligencia artificial y su relación directa con los hijos/as.

—Se trata de la generación de los que en 2020 tienen menos de 9 años.

—En realidad, aún no tienen nombre acuñado globalmente, les nombramos A, porque sigue a la Generación Z y porque esperamos que sea el inicio en muchas cosas, además de porque su rasgo principal a nuestro juicio es que son accidentales, en lugar de sustanciales o esenciales, y que son artificiales, en los que la IA (inteligencia artificial, tendrá una gran presencia).

—Valoran más la cáscara de todo: en las demás personas, instituciones, cosas, lugares, hechos..., la presentación y la impresión externa. La cáscara de una fruta, su apariencia es lo que más importa, más que el sabor por dentro o la maduración, tanto para venderla como para sentir satisfacción al comprarla.

—Se mueven en el lenguaje de la comunicación publicitaria como si fuera el de la comunicación humana completa.

—Viven de accidentes —en terminología de Aristóteles—, es decir, de lo que cambia (lugar, color, peso, sabor, tamaño...), en lugar de la sustancia, lo que permanece ante los cambios. Y lo que es peor, creen que cuando algo o alguien cambia ya es otro, porque vuelven a confundir accidente con sustancia.

—Confunden lo esencial con lo superficial y priorizan esto último.

—Elaboran una cuidadosa fachada de sí mismos/as, que cambian por la real y se la creen, actuando con su rol creado ex profeso para cada ocasión. Son distintos si cambia el escenario, circunstancias o acompañantes.

—Creen que su fachada dice más que su fondo.

—Defienden valores que no tienen que cumplir.

—Querer hacer algo es suficiente para ellos/as y tiene el mismo valor funcional, personal y social que haberlo hecho en realidad.

—Un *fake news* tiene el mismo impacto y efecto en ellos y su alrededor que un hecho real, pese a saber que no lo es.

—Si alguien a quien se estima transmite un error, ese error se comparte a otros como acierto, por fidelidad a quien se estima.

—Se siente compañía de alguien que finge la compañía y el entendimiento.

—Solo se comprende un 7% de la comunicación verbal.

—Necesitan la escucha al menos en un 70% de alguien para considerarle un buen interlocutor.

—Sube la lateralidad cruzada (ser diestros para pie, mano, oído u ojo, al tiempo que zurdo para alguno de estos órganos).

—Aumenta la apatía y fracaso escolar, en ese orden.

—No les interesan las redes sociales tanto como a la Generación Z, sino su relación con la inteligencia artificial y lo que esta puede aportarle.

—Se dejan observar y analizar por la inteligencia artificial, para que esta les proporcione compañía, asistencia, conocimiento, consejo y apoyo.

—Son muy emocionales, pero casi nada empáticos: una novedad humana. Tienen mayor capacidad emocional, pero al contrario que la Generación Y, este aumento no conlleva empatía, y se pierde la capacidad de conexión con los demás.

—El 70% (7 de cada 10 menores de 12 años) sufre acoso en redes sociales, pese a que son ilegales para su edad, o en chats de juegos *online* como Fornite. Hay que tener en cuenta que un niño con redes sociales puede estar expuesto veinticuatro horas al día, mucho más que quien sufre acoso físico presencial.

—Para ellos, *hablar* significa escribir whatsapps u otros mensajes digitales, y *amistad* significa contacto; por tanto, tener amistad con alguien es simplemente estar conectados, aunque no se conozcan. Se solicitó conexión y se dio en su día a aceptar. Cuando se les pregunta a algunos niños de 8 y 9 años si tienen muchos amigos, algunos dicen: «*Regular: unos 500*».

—Se confunden emociones con sentimientos, reflejos, sensaciones, instintos y aptitudes.

—Se pierde control emocional.

—El aislamiento y el individualismo crecen.

—La sensación de soledad e intolerancia provocan mayor hundimiento.

—Aumenta la capacidad de sensibilidad: la cantidad y fiabilidad de la información que llega a través de los sentidos.

—La comunicación se debilita y se malinterpreta con facilidad.

—El subconsciente adquiere mayor importancia en la toma de decisiones.

—Se hace más necesario el aprendizaje de la gestión emocional y de la comunicación no verbal para establecer conexiones personales adecuadas.

—Se hace urgente conectar proporcionadamente hemisferio cerebral izquierdo y derecho para resolver los problemas más importantes. Es necesario comprender la utilidad que supone la unidad de todo lo que el ser humano es. En un mismo tiempo, un segundo de decisión, más allá de las divisiones analíticas que pueden hacerse y son solo metodológicas, no funcionales. Por ejemplo, las 84 áreas cerebrales de Brodman, 8 inteligencias múltiples de Gardner, 2 hemisferios cerebrales, cabeza y corazón, teoría y práctica, deseo y realidad, cuerpo y alma, lo universal y particular, hombre y mujer, grande y pequeño, extraordinario y ordinario..., cuando en realidad somos cada uno y cada uno, una sola unidad que decide y vive una vida en un segundo presente sin posibilidad de deshacer lo hecho una vez acontecido. Necesitamos unir nuestra vida.

—Puede reaccionarse más rápido y cambiarse radicalmente de rumbo apoyándose en la inteligencia y la alta sensibilidad.

—Debido a la hipersensibilidad e inteligencia aumentan las posibilidades de infelicidad, pero igualmente las de auténtica felicidad.

—Son más extremos: todo o nada; logran lo mejor o abandonan.

## GENERACIÓN B, LOS...

—Nacerán entre 2025 y ...

—Expansión de la inteligencia artificial y sus relaciones con los humanos, algo ya iniciado desde 2013 y popularizado desde 2020.

—Interpretan las respuestas de mecanismos artificiales como si fueran humanas por simulación y reaccionan auditivamente a las neuronas espejo no visuales sino auditivas, sobre todo, de los robots de última generación. También visuales. Así, si la máquina le manifiesta estar molesta por su pregunta, ellos reflejan en su comunicación no verbal sentirse molestos y arrepentidos. El registro emocional se reduce y las reacciones se automatizan, deshumanizan y mecanizan. En consecuencia, se hace más fácil la manipulación emocional y racional del ser humano, y convencerle de una actuación o inhibición determinada.

— Se falsean y malinterpretan emociones y sentimientos.
— Necesitan vivir y valorar —agradecer— lo vivido, más que analizarlo y comprenderlo.
— Necesitan ser felices y encontrar la felicidad en los problemas, que son parte de la vida real.

## GENERACIÓN DE LOS *JUBILENNIALS*

Con todo, las generaciones no siempre surgen por abajo. Asistimos actualmente a la Generación de los *Jubilennials*, que son los mayores de 55-60, jubilados que, al contrario de sentir que su vida se merma, se dedican a vivir a partir de la jubilación de una forma más sana, hacen más deporte, acuden con frecuencia —algunos incluso diariamente— al gimnasio, quedan con amigos, viajan y asisten a espectáculos, museos o actividades de ocio donde la mayoría son sensiblemente más jóvenes.

# 17. RETOS Y OBSTÁCULOS QUE PLANTEA LA GENERACIÓN DE TU HIJO O HIJA

Si tu hijo/a nació después de 1994, presenta una serie de características, como hemos visto, y conocerlas te ayudará a entenderle mejor y a reaccionar educativamente a su punto de vista. Lo mismo le ocurre si ha nacido tras el 2010. Por ser la inmensa mayoría, nos centraremos en los consejos educativos que sirven coincidentemente a estas dos generaciones.

Cada hijo o hija es diferente, único, singular, también en su generación, maravillosamente vivo. La humanidad entera mejora gracias a la existencia de cada uno/a. El ser humano tiene esa dignidad, confiere a la historia de la humanidad un valor que solo él o ella puede dar con su existencia. Es un regalo divino al resto de los hombres y mujeres coetáneas y de toda la humanidad, de todos los tiempos y lugares, pasados, presentes y futuros. Es una maravilla a la que no deberíamos acostumbrarnos o empañar por el agobio lógico de una temporada tormentosa, humanamente agotadora, debido a nuestra limitación.

El mundo sería peor si no hubiese existido cada hijo/a. Absolutamente. Con independencia de sus resultados.

Solo él o ella es capaz de desempeñar su mejor versión real. Son irrepetibles y sin competencia en sí mismos: incomparables, por tanto.

El ser humano es único. Es una persona. No solo parte de un grupo, un equipo deportivo, una clase de colegio, un grupo de teatro... o una generación. Con mis alumnos de la universidad, en la asignatura Convivencia y Cultura de Paz en el Aula de Primaria, al hablar de por qué la buena convivencia es posible entre todos, concluimos que su fundamento es el hecho milagroso de ser personas, dignas todas. Entonces les propuse una definición de persona elaborada con los años y con la lectura e iluminación de sabios que nos han dejado muchas pistas para entender a nuestros hijos dentro de otra generación:

> *Cada persona es un ser racional y emocional, con inteligencia humana, voluntad, libertad, capacidad de amar y de ser amado, singular y sociable, abierto a la trascendencia de la realidad, con consciencia y subconsciencia, pasado, presente y futuro, creado con elementos materiales e inmateriales, capaz de ambos productos y con infinitud al trascender la propia vida… para siempre.*

Es mucho, un milagro, sí, y tenemos la gracia concedida de haber sido su padre o su madre.

Cada uno y cada una es distinguible y, sin perder su personalidad, es también agrupable. Por ejemplo, al quedar en una pandilla, podrían ser al tiempo ellos mismos o ellas y ser también una buena pandilla, una buena clase, una buena familia, una buena generación. Este es uno de sus principales retos: lograrlo.

El nuestro, como padres y madres, es descubrir a nuestro hijo/a en el grupo de nuestra familia y en los demás grupos a los que pertenece, incluido su Generación. Distinguirlo. Pero, junto a este gran reto, en el que solo los padres y madres podemos salir victoriosos, haciendo vencer con ello a nuestros hijos/as, hay otros retos menores que condicionan y posibilitan aquella victoria. Entre estos retos que la generación de un hijo/a plantea a sus padres y madres hoy destacan:

### 1. Querer algo: la impulsividad, la inmediatez

Quererlo todo cuando su apetencia se lo presenta. Quieren lo que les apetece en ese momento y lo quieren ya. Porque lo quieren, creen que lo necesitan e insisten en que se le dé porque creen que se lo puedes dar. Lo piden agotadoramente, antes de que se les olvide, porque si no lo obtienen pronto, se les pasará la apetencia y perderán la ilusión si se retrasa. La adrenalina de la inmediatez les aguijonea para insistir, no la necesidad, y por eso se acaba pasando en cuanto intuye que no lo conseguirán. Sin más tragedia. Alimentando en tal caso un círculo vicioso desgastador para ambos, padres e hijos.

## 2. Concentrarse

Atienden a todo y no se concentran en nada el tiempo suficiente para sopesarlo y, en consecuencia, valorarlo en lo que vale. La concentración de vuestro hijo, si nació después de 1995, digital por tanto, se mantiene como máximo 4 minutos. Los niños nacidos en los años 60 y 70 se concentraban 20 minutos, veían la tele y durante varios minutos aguantaban mirando el televisor cuando de pronto, inesperadamente, se interrumpía y en la emisión —películas e incluso partidos de fútbol— aparecía un cartel fijo con el siguiente mensaje:

*Disculpen las molestias.*
*Por favor, manténgase atentos a la pantalla.*

Un mensaje que podía estar así, con la imagen congelada en un color oscuro de fondo, cinco, diez minutos..., y a nadie le generaba la frustración que presumiblemente hoy generaría. Los nacidos en los años 80 y en adelante se desconcentraban a partir de los 8 minutos.

El reto por tanto es doble: por un lado, proporcionarle juegos y ejercicios atractivos de concentración (ver por ejemplo los propuestos en el libro *Nuestra mente maravillosa,* Premio de Hoy 2013; de Temas de Hoy); por otro, enseñarle a emocionar su razón, para que cuando se empiece a desconcentrar a los 4 minutos, al cansancio gane la emoción de querer lograr algo estimulante (ver si se quiere también para este propósito los también los ejercicios de *Cómo entrenar a su dragón interior,* Temas de Hoy).

Un cantante como Michael Jackson, de reconocimiento mundial indiscutible, comenzó a cantar en 1964, a los 6 años, y necesitó 18 años de profesión para triunfar mundialmente con *Thriller*, en 1982. Michael, nacido en 1958, pertenecía a la Generación *Baby Boomer*, la de los nacidos entre 1945 y 1964. Después vino la Generación X (nacidos entre 1965 y 1980), la Generación Y (entre 1981 y 1993).

En la Generación Z (nacidos entre 1994 y 2010), la madre de un chico que vivía en un pueblo pequeño (de una de las diez provincias que junto con tres territorios más forman una de las trece federaciones de Canadá), subió en 2008 un vídeo de su hijo de catorce años, cantando. Se llamaba Justin Bieber. Solo 15 meses después, en marzo de 2010, coronaba ya su triunfo y reconocimiento mundial con *Baby*.

En septiembre de 2011, otro niño de la Generación Z, este británico, Ed Sheeran (nacido en 1991 —con 20 años por tanto—), lanzó su primer álbum con la ayuda económica de un famoso cantante al que le había llegado su talento por internet; y solo 7 meses después, se hizo con el éxito internacional de Jackson y Bieber, cuatro meses más tarde su música es la más escuchada y ganaba premios al mejor artista del año.

Sin distinción de sexo: Michael empleó 18 años para lograr el éxito mundial; Justin, 15 meses; Ed Sheeran, 7 meses. Las generaciones distintas posibilitaron tiempos distintos. Todo más inmediato e impulsivo, el éxito también.

Pero cuando un logro se hace esperar, simplemente se abandonan los intentos que lo posibilitarían. De este modo, Justin y Ed lograron lo que muchos miles mejores que ellos abandonaron por no persistir en el intento. A Rowling le publicaron su historia de Harry Potter al decimosegundo envío: 11 negativas antes de una respuesta afirmativa. ¡Cuántas historias mejores que la buena de Harry Potter se habrán perdido por haberla dejado de reenviar a editoriales a la octava negativa, novena, décima o undécima...!

### 4. Son más emocionales, pero no les hemos enseñado a gestionar las emociones

La generación de tu hijo e hija es más emocional que racional.

La vida, la autenticidad, la libertad, la naturalidad, lo más valioso parece ahora que está en la emoción, el corazón; y que la razón ha de reconocer su papel secundario frente a esta; útil, pero secundario. Así piensan muchos jóvenes nacidos después de 1994.

El hemisferio cerebral derecho (el creativo, imaginativo, intuitivo, el de la capacidad de síntesis y de las emociones e ideales grandes) se reivindica —en estas Generaciones Y, Z y A (es decir, los nacidos desde 1984 hasta 1920)— en todos los ámbitos humanos, menos en la escuela, y por eso la escuela se queda tan fuera de la vida de la mayoría de sus escolares.

Los padres y educadores fueron educados emocionalmente de un modo confuso y completo. Aún es común desconocer la lista de emociones (41 diferentes) y sentimientos (19), la diferencia decisiva entre emoción y sentimiento, la diferencia —igualmente clave para la comunicación entre padres e hijos— existente entre sensación y emoción, la distinción entre muchas de esas emociones y esos sentimientos entre sí.

Algo operativo y funcional, que los padres y madres habitualmente no aprendieron de una forma completa y transmiten de un modo mecánico y automático.

Lo emocional no es sinónimo de subjetivo, sino de real e involuntario; lo sentimental, sinónimo de valioso y voluntario.

La Generación Z y A de nuestro hijo/a es muy emocional, y eso es bueno. Pero no ha aprendido aún a gestionar muchas de sus emociones ni la intensidad de estas; y eso es una necesidad para ser eficaces y para ser más felices.

Sienten las bodegas emocionales de la ira, el miedo, la tristeza o la alegría, intensamente a veces, y cada uno de las emociones y sentimientos que lo componen, pero no saben en su mayoría cómo gestionar el miedo cuando siente que este le bloquea (ante un examen, una aparición en público, una oposición, una entrevista de trabajo, un posible rechazo, la ansiedad...); ni la ira que les hace decir lo que no piensan, haciendo un daño que no desean pero no saben cómo evitar ni remediar una vez infringido; ni cómo sacar provecho a su tristeza, que tinta de tantos matices beneficiosos algunas de sus equivocaciones; o no gestionan la alegría de un acontecimiento al que asisten en sus vidas, sin atesorarlo y hacer que fructifique y poder vivir de esa alegría muchos años.

Un aprendizaje emocional esencial, necesario hoy más que nunca, que nos permitiría racionalizar las emociones y emocionar la razón, otorgando a nuestros hijos/as más disfrute, más plenitud, mayor riqueza, mejores consecuencias y más libertad.

(Si se desea conocer más sobre estos términos expuestos, puede leerse el citado *Cómo entrenar a su dragón interior*, Temas de Hoy).

### 5. Son más sensibles y no verbales, pero escriben textos en redes sociales

Alguien muy sensible es aquel a quien le llega mucha información por los sentidos (vista, olfato, tacto...) de una forma rápida y ágil. La Generación Z y A es muy sensible. Ha desarrollado una mayor sensibilidad y es más la información recibida por sus sentidos. En consecuencia, son más sensuales: en su tacto, vista, olfato... Graban más las experiencias visuales y necesitan dos sentidos al menos para grabar con seguridad una experiencia. Es decir, lo que leen lo comprenden mejor si además lo oyen; lo que tocan lo perciben mejor si además lo ven; lo que saborean lo perciben mejor si lo huelen, etc.

Son, además, menos verbales. Apenas entienden los mensajes verbales y se apoyan sensualmente en la vista. Están mejor preparados para comprender y descodificar gestos, sensaciones visuales: son más audiovisuales. Perciben más indicadores de elementos no verbales en la comunicación como la entonación, el timbre de voz, el movimiento de los ojos, de la sonrisa o de los 42 músculos de la cara que reflejan las emociones involuntarias de todo ser humano.

No se expresan bien verbalmente. No transmiten lo que quieren decir exactamente y no están seguros de lo que reciben: dudan sobre lo que siente y piensa en verdad quien lo emite. Y sin embrago, escriben en Whatsapp, Instagram y en otras redes sociales contemporáneas, mensajes emocionales sensibles de mala interpretación y vulnerabilidad.

La inseguridad y la desconfianza en uno mismo aumenta, y la autoestima baja al escribir mensajes emocionales en un canal, código y situación que no se controla. Digamos que para algo que les importa mucho emplean un lenguaje verbal del que no han aprendido mucho y desconocen cómo se percibe.

No han aprendido por tanto a gestionar bien ni distinguir sus emociones, ni tampoco a cómo expresarlas y transmitirlas.

—*Fernando* —me preguntó Pablo, un chico de 16 años, muy listo y sensible y muy inseguro—, *¿te importa leer un whatsapp que me ha enviado una chica y decirme qué entiendes tú, si me quiere o no?*

Estaba hecho un lío y no podía aguantar más con la duda que le reconcomía por dentro. Necesitaba estar seguro de lo que significaba aquel «*y yo*» que había recibido como respuesta a lo que él le había escrito antes y necesitaba saberlo antes de seguir adelante y lanzarse. «*Y yo*» a qué parte se referiría de todo lo que él le había contado. Era sencillo y un laberinto indescifrable: Se preguntaba si ese «*y yo*» era a todo, a lo último o a lo primero. Le dije que era a todo y se lanzó.

Estuvo saliendo con ella desde unos días después de aquel whatsapp, hasta unos meses más tarde al menos. Tampoco «*y yo*» daba para mucho más.

### 6. Huyen de los obstáculos antes de saltarlos

Hace varias generaciones, cuando un adulto proponía a un joven adolescente un reto que deseaba lograr, pero le advertía del obstáculo que exigía superar, el joven se sentía provocado y arengado a saltarlo. Hoy en día, si un adolescente descubre un obstáculo para tener que alcanzar un objetivo que desea, simplemente tiene la tendencia de cambiar de objetivo, con tal de no tener que saltar el obstáculo. Solo si al girar el objetivo se encuentra con otros obstáculos y en su nueva huida se halla ante otro obstáculo más, entonces calibra el que menos esfuerzo requiere, y ese se convierte en su nuevo objetivo y el obstáculo que ha de batir.

Si se le intenta estimular negativamente, algo antes común y ya cada día menos utilizado, es decir, por ejemplo, diciéndole: «Te he suspendido para que lo repases mejor y lo aprendas mejor» o «Esto es difícil para ti, creo que no lo conseguirás», en lugar de provocar en el niño/a y adolescente la reacción de esfuerzo e intento de superarlo que antes provocaba, lo que hoy provoca es el abandono.

Los *zillennials* y *artificials* abandonan todo reto difícil y les molesta que les propongan retos si no están seguros de conseguirlos. Esto merma su capacidad de objetivos grandes y de superación. La mejora no solo se hace imposible así, sino que se descarta como objetivo.

### 7. Su motivación caduca y su voluntad baja

Motivar a un integrante de la Generación Z o A es francamente rápido y sencillo; que la motivación dure más de veinticinco minutos, posible, pero requiere ya haber anclado en la motivación recursos para que su memoria la repita. Pasado este tiempo, hacer que siga motivado dos días después ya es cuestión de profesionalidad y de repetición de las dosis motivadoras cada 24 horas.

Es fácil y rápido emocionar a alguien, con independencia de la edad y el cociente intelectual, y una vez emocionado, motivarlo hacia un objetivo que desea y acepta, desde el punto de vista racional y emocional entonces. Pero sería estéril dejarlo ahí. Desear ser bueno no es ser bueno. Desear sacar sobresaliente no es dejar de suspender.

Muchos adolescentes (9 a 40 años) desean cambiar algo, y lo desean tan intensamente y lo ven tan racionalmente claro que les merece la pena hacerlo, que creen que han empezado a cambiarlo ya; pero solo se han puesto en disposición de acometer el cambio: es imprescindible empezar a hacerlo y continuar dando los pasos necesarios, hasta el último.

Es muy fácil hacer que alguien quiera cambiar, pero esa motivación inicial caduca pronto y la invade la impotencia.

Pero como son capaces de ser motivados fácilmente, es en verdad posible motivarles también para dar el primer paso, muy pequeño, posible y asequible, atractivo, y una vez lograda satisfacción en este, volverle a motivar para afrontar ahora con más gasolina el segundo paso y así hasta que inicie y corone el último que le otorgará, sumando todos los pasos, el final deseado con la emoción y la razón.

Si falta la razón y los pasos concretos, la emoción no podría sola; pero si la emoción fuera la que faltara, igualmente sería inútil o insuficiente la razón.

Hemos dicho que son capaces de ser motivados fácilmente, pero en verdad ellos no son capaces de motivarse, su baja autoestima les impide abrir el garaje cuya manilla o pomo se abre por fuera.

Conceptos como *orgullo propio, fuerza de voluntad* o *pundonor* ya no significan al menos lo que significaban, porque no están al alcance de su actuación. Se han habituado a huir de los obstáculos desde pequeños en su mayoría. Como generación se ha contagiado el hábito de evasión de lo difícil.

# 18. EL TRIÁNGULO (DE LAS BERMUDAS): JUVENTUD-TECNOLOGÍA-TALENTO

En los años 80 y 90, se hizo mundialmente conocido el peligro de una zona geográfica en forma de triángulo ubicado en el océano Atlántico, entre las islas Bermudas, Puerto Rico y Miami, de un millón de kilómetros cuadrados, en el que muchos barcos y aviones dejaban de emitir sus referencias por radar y algunos de ellos desaparecían sin explicación, probablemente debido a las fuertes corrientes, un tiempo inestable, con olas de hasta 30 metros, huracanes. Igual de tormentoso que nuestro triángulo juventud-tecnología-talento, pero tan rico naturalmente.

Los hijos nacidos después de 1994 consideran que la aparición de una tecnología en su generación, no antes imaginada —móviles, *smartphones*, internet, inteligencia artificial o pantallas más allá de la televisión— está unida directamente con los conceptos *juventud* y *talento*. Y los tres juntos pueden formar un triángulo tan hermoso como olas tan inesperadas y huracanes.

Los que conforman estas amplias y densas Generación Z y A son niños/as y jóvenes omnitecnológicos. La tecnología está presente en:

— Su trabajo (las principales empresas del mundo vieron la oportunidad de que incluso el trabajo individual del alumnado en la escuela pasara por la tecnología y la aprovecharon),
— Su ocio (videojuegos, reserva de *tickets* en cine, conciertos, pedir una hamburguesa acortando la cola de espera, distracción en un momento de aburrimiento: en bus, metro, tren, avión, sala de un médico...).
— Sus relaciones personales (redes sociales donde alimentan la pertenencia a un grupo, se conectan a otros y se sienten conectados)
— E incluso familiar (los padres mantienen relación con ellos, con mensajes sobre acontecimientos exclusivamente familiares, y sirve para estar tranquilos si están fuera de casa y lleva su *smartphone* con ubicación localizable en caso de problemas, etc.).
— Todo en su vida tiene una posible aplicación tecnológica, incluso las creencias.

Los adultos mayores (Generación X) crecieron con una tecnología aún en estado embrionario comparado con la suya; los adultos menores (Generación Y, *millennials*) cabalgaron entre la pretecnología y el desarrollo de esta; pero los hijos/as son en verdad la primera generación digital, que nacieron entre tablets, pantallas de gran formato o pequeño, los que desde pequeños aprendieron a ver con cierta envidia cómo se regalaba tecnología en las primeras comuniones de sus amigos o en otros grandes eventos de su vida. Ellos son ciudadanos digitales, nativos tecnológicos, por eso tecnología y juventud son una misma realidad para ellos.

Pero además han nacido después del fenómeno Jobs, la cumbre del talento en Apple, o Gates para Microsoft. Han vivido con la escalada de Google. Han visto a los presidentes de las principales compañías del mundo, jóvenes, hablar al mundo entero sin tiempo a tener grandes experiencias. Han convivido con jóvenes emprendedores que han probado y triunfado antes de aprender a hacerlo. Les parece que la caja del talento —del que tanto depende en realidad la humanidad entera—, se ha abierto con dimensiones globalizadas y jóvenes sin experiencia ni apenas medios. Ya pueden alcanzar la meta, como Justin Bieber, sin inversión y con solo quince años, tras solo quince meses de exposición. El talento se ha desatado —piensan muchos— gracias a la tecnología y al empuje de una juventud talentosa. Juventud-tecnología-talento así se retroalimentan.

En buena medida todo esto es cierto. Se llega antes al éxito y con menos obstáculos. El *marketing* se apodera y se vende como real a veces lo que aún no lo es, y al hacerlo provoca que se convierta en real.

*—Hay una canción que a mí no me gustaba nada cuando la oí por primera vez, y después de oírla unas cien veces en la radio, ya empieza a gustarme. Dicen que quien la canta es uno de los genios musicales de hoy.*

*—¿Y ya te gusta?* —pregunté.

Entonces, significativamente —sin espacio para pensar—, como contestación a mi pregunta sobre su gusto, respondió:

*—Llena conciertos, incluso en el Wanda del Atlético de Madrid. Es muy bueno. Sí, sí, ahora me gusta.*

Pero creo que puso cara de duda y de que le gustaba después del éxito, sobre todo.

Sin duda el talento es más fácil de divulgar desde la aparición de internet en el mundo entero. Pero la pregunta sería si ello estimula el talento o el consumo de millones de jóvenes del talento de otros, propuesto siempre por alguien.

Todos los seres humanos tienen talentos desperdiciados. La tecnología debería servir —si es tan poderosa en el ámbito del talento— para que la mayoría de los jóvenes descubran primero y difundan después su propio talento; pero curiosamente lo que la juventud hace es difundir el talento de otro, cumpliendo casualmente los intereses de empresas ideadas o gobernadas por una generación anterior.

El talento está, en unos más que en otros —sin duda—, pero en todos. Todos los seres humanos tienen talento suficiente para conmover al resto y para ser feliz. Cierto es que muchos nacen y mueren sin descubrirlo, o sin que nadie lo descubra en él o ella. (A este respecto podría leerse el libro *De Newton a Apple, provoca tu talento,* Toromítico).

Sacar brillo al talento de cada ser humano es un reto de la humanidad actual, para el que la tecnología brinda oportunidades nunca vistas, pero no es la tecnología quien se dirige a sí misma, sino los propios humanos quienes lo hacen. Por eso, como en todo, la tecnología servirá a la juventud sobrada de talento..., si la propia juventud aprende a hacer brillar su talento a través de la tecnología; si no, simplemente se seguirá perdiendo gran parte del talento humano, como hasta ahora, y solo aprovecharán la tecnología quienes con más interés en su cuenta corriente que en la humanidad la utilicen llevándola a un Triángulo de las Bermudas, hermoso, pero que atrape misteriosamente su tesoro, encantados.

Todo el Atlántico es hermoso, también el millón de kilómetros cuadrados del Triángulo de las Bermudas. No creamos nosotros ese triángulo, ni sus olas ni huracanes, simplemente existe, y por eso tenemos que enseñar a barcos y aeronaves —que son nuestros hijos/as— a sobrevivir en cualquier oleaje, afinando y actualizando su GPS, para que pueda si fuera el caso emitir a tiempo un SOS antes de tener graves problemas.

# 19. UN DILEMA EDUCATIVO, NO TECNOLÓGICO

*—A mi hijo J. un móvil le hizo salir adelante. Tras el coma producido por un traumatismo craneoencefálico severo, tener su móvil ante él y desear recordar su contraseña para acceder a lo que tenía antes del accidente, le hizo mirarlo con intensidad prolongadamente, durante muchos días, intentando torpemente con sus manos combinaciones sin acierto. Cuando lo logró, en la UHCI, se nos saltaron las lágrimas. Desde ahí, todo fue muy rápido. Los médicos confirmaron el estímulo que su móvil había supuesto en su evolución.*

Meses después —yo lo puedo confirmar—, ha vuelto a Whatsapp y está a punto de poder volver a Instagram, a mostrar cómo es.

Nuestro dilema con las pantallas de los hijos (móviles, videojuegos, tiempo o uso de una *tablet* o el acceso a internet y lo que este le ofrece indiscriminadamente...) no es un dilema tecnológico, sino educativo.

Desde su fundación, he tenido el honor y satisfacción de colaborar en la revista digital familiar gratuita empantallados.com. Una revista recomendable para todo tipo de padres/madres. Y en las sustanciosas reuniones con el resto de miembros del comité de expertos de la revista he aprendido que la tecnología ayuda a poner de manifiesto ante padres y madres aquello en que sus hijos/as deben ser más educados. Por eso, podemos decir que, gracias a la tecnología, sabemos que es urgente educar con mayor profundidad y eficacia sobre todo en:

— educar habilidades sociales y familiares,
— compensar mediante ejercicios domésticos la falta de concentración de los hábitos tecnológicos,
— enseñar a los hijos/as a tolerar la contradicción y la espera,
— enseñarles a comunicarse más personalmente, verbal y no verbalmente,
— cómo expresarse emocionalmente en las redes sociales,
— la diferencia entre lo que se extiende por todo el mundo y lo importante, o entre lo conectado y lo verdaderamente unido,
— enseñarles a asociar toda la experiencia vivida y la capacidad que tienen para mejorar la realidad,
— a distinguir y encontrar modelos heroicos,
— enseñarle a gestionar sus emociones,
— cómo fortalecer su debilitada voluntad,
— cómo conectar sensaciones y emociones antes que ideas,
— cómo encontrar sanamente su reconocimiento y autoestima,
— cómo encontrar los problemas en una vida aderezada con problemas,
— enseñar la necesidad de situarse en posiciones menos polarizadas y conectarse mejor,
— aprender a discernir la realidad, más allá de la opinión, sus porqués y paraqués, más que sus cómos y si está bien o mal, para saber que lo está en verdad o no,
— no tratar mejor a quienes se saca más provecho de ellos o posibilidad de presumir,
— enseñarles cómo un acto bueno conlleva un fin bueno, pero igualmente también buenos medios,
— la necesidad de intentar ellos/ellas mismas en la medida que le corresponde, lograr de la escuela actual, una escuela más humana,
— enseñarle a no confundir las emociones artificiales ni destrezas útiles de una Siri u otras máquinas,
— el trato de amable exigencia con la mayoría de los niños y niñas: personas altamente sensibles,
— entre otros.

Sobre cómo hacerlo, se proponen consejos prácticos en los dos capítulos siguientes.

Es cierto que también antes de la aparición tecnológica estos aspectos eran necesarios en educación, pero desde la llegada de internet y de los hábitos intensificados del escenario digital, se ven más claramente las posibles carencias de estos. Podríamos decir que, con un móvil en la mano, lo que aún está por educar se manifiesta de una forma más evidente e inaplazable.

Los padres y las madres a veces ven en la tecnología enemigos (por los hábitos de ocio, trabajo y engaño que ofrecen), cuando en realidad se pueden ver como aliados que han puesto en evidencia que los hijos/as de hoy necesitan una educación profunda en todos los antídotos que le puedan hacer sobrevivir. No estorba el móvil, el problema es no enseñarle a un hijo/a a gestionarlo y a ponerlo por detrás jerárquicamente de su familia y de su propio bien. Un móvil —cuando se den las circunstancias y la edad que permitan aprovecharlo desde el punto de vista educativo— hace ineludible enfrentarse a la necesidad de educar todo lo antes expuesto y hacerlo bien, hasta lograrlo, sin apariencias, para el bien infinito de cada hijo e hija, en verdad.

Los móviles, las *tablets* y cualquier dispositivo no es malo, como el mar, atractivo, abierto, grande, necesario. Pero ningún padre/madre dejaría a su hijo/a meterse en el mar sin saber nadar o sin él/ella. El mar es bueno si se aprende a nadar y a respetarlo, teniendo en cuenta su naturaleza y los peligros para el ser humano. Cualquier dispositivo es bueno si aprende a utilizarse, a respetar su naturaleza. Nadie prudente se mete en el mar a nadar si antes no aprendió a nadar como exige la profundidad en la que se va a meter.

La tecnología es un indicador veraz de la mejor educación, por su atracción al hijo/a y porque evidencia los cimientos de su jerarquía de valores: y permite asegurarlos, a tiempo.

# 20. APROVECHAR LA TECNOLOGÍA PARA EDUCAR: 9 CLAVES PARA EDUCAR EN LA ERA DIGITAL

Los padres y las madres aspiran en realidad a educar a sus hijos/as para que puedan moverse en todo escenario, el digital también como uno más de su realidad, aspirar a educarles para que disfruten profundamente de todas las oportunidades de hacerlo de verdad que le dará la vida, y educarles también para que puedan salir victoriosos de todas las dificultades, sean cuales fueren con las que se encuentren, ahora y el día de mañana, en todas las circunstancias por las que se vean obligados a pasar y ante cualquier obstáculo. En definitiva, aspiran a educarles para ser felices, de verdad.

La autoestima, la educación y las pantallas tienen mucho que ver entre sí, y con la felicidad de un niño, el adolescente y el adulto.

Los padres de la Generación Z y A ineludiblemente han de aprovechar las oportunidades excepcionales, evidentes, fáciles de grabar, que ofrece la tecnología para educar a sus hijos.

Muchos padres y madres (de la generación anterior, X o Y) pueden pensar algunas veces, siguiendo una lógica que todos podemos entender, que la tecnología no ha hecho más que dificultar el proceso educativo de su hijo: creándole tendencias que antes eran menos intensas, como:

— su tendencia a la desobediencia,
— a perder el tiempo que debería dedicar a obligaciones necesarias e ineludibles,

— a la desconcentración,
— a la impulsividad,
— al individualismo,
— a la insensibilidad familiar,
— al aislamiento,
— a la pérdida de habilidades sociales y de convivencia familiar.

En todo ello se acierta. Quizás la tecnología en manos de los hijos e hijas ha hecho la educación más complicada pero más transparente. La tecnología muestra a los padres y otros educadores las carencias reales educativas que el hijo/a tiene y antes podían mantenerse ocultas. La relación de un hijo/a con la tecnología saca a la superficie qué es preciso educar o remediar a tiempo, y por eso la tecnología otorga ese tiempo precioso para actuar educativamente antes de que sea tarde.

Entre esas oportunidades que otorga a las familias la tecnología en casa podemos aprovechar las que siguen, estas 9 claves para educar digitalmente con la tecnología:

— 1ª Educar habilidades sociales y familiares.
— 2ª Compensar la falta de concentración.
— 3ª Tolerar la contradicción y la espera.
— 4ª Comunicación personal, los whatsapps no sirven para decir «Te quiero».
— 5ª Lo muy extendido ya no es lo importante.
— 6ª Su fuerte es asociar cosas distintas y mejorar.
— 7ª Modelos heroicos.
— 8ª Enseñarle a gestionar sus emociones.
— 9ª La fuerza de voluntad.

### Primera clave de la educación en tecnología: Educar habilidades sociales y familiares

La Generación Z y la A necesitan que invirtamos los padres en su educación social, dándoles herramientas para combatir el individualismo y evitar la sensación de soledad.

Sentir la familia y el hogar como refugio de montaña y estancia placentera, ante las tempestades o las nevadas, aumenta su seguridad y sube su autoestima.

La autoestima que puede conferir un padre y una madre a un hijo/a no puede delegarse. Es un tesoro que se guardará toda la vida y dará muchos frutos.

Los padres deberán asegurar siempre que puedan momentos agradables sin tecnología: en familia y con amigos. Excursiones, comidas familiares, planes de ocio...

Deberán cuidar intencionalmente cómo preparan y se desarrollan las celebraciones de cumpleaños de sus hijos/as y de los Reyes Magos y otras celebraciones que han de ser sobre todo familiares y, si se quiere, en otra edición, con amigos verdaderos también. Si son hijos/as mayores puede celebrarse por un lado familiarmente, la celebración principal, y por otro, que lo pueda celebrar con sus amigos, de forma complementaria. Organizando toda celebración de modo que la implicación de las personas que más le quieren sea satisfactoria y manifiesta. A este respecto no puedo dejar de aconsejar la lectura de la primera clave que expone el libro *Cuatro claves para que tu hijo pueda ser feliz*, de Almuzara, en el que se describe y se aconseja cómo celebrar más educativamente estas ocasiones tan extraordinarias que ocurren ordinariamente, todos los años, y donde se celebra el cariño y la existencia de los hijos, con independencia de sus resultados ese año.

Además, el devenir tecnológico ha puesto de manifiesto la necesidad de aprender en casa cómo tratar a las personas que no conocemos mucho, siguiendo el ejemplo paterno y materno, y también cómo tratar a todos los familiares como familia. Distinguir por tanto una familia de una comunidad afectiva. Es decir, entender que un equipo de trabajo que se relaciona muy bien conecta humanamente, afectivamente, no es pese a la intensidad y correspondencia del afecto una familia. La amistad, el sincero afecto, son realidades muy potentes pero diferentes a la familia, con la que uno incluso pudiera sentir menos afecto. Saber conversar con un vecino en un ascensor es un buen inicio de saber tratar a las personas dignamente como merecen.

## Segunda clave: Compensar la falta de concentración

Hay que poner en marcha una serie de ejercicios amables para compensar una cultura que tiende de forma inevitable a la desconcentración, a la atención de muchas cosas, pero a no tener fuerza para fijar voluntariamente esa atención en un punto durante un tiempo superior a diez minutos.

La tecnología y el escenario digital en que se mueve un hijo o hija también hace oportuno ejercitar una mayor concentración fuera de la tecnología para compensar la desconcentración que estas generan. Con ejercicios y juegos como los propuestos en el anexo de ejercicios de *Nuestra mente maravillosa* (Premio de Hoy 2013, de Temas de Hoy).

## Tercera clave: Tolerar la contradicción y la espera

La inmediatez y la impulsividad, junto al pensar que el ser humano tiene el poder de un dios, por su talento, alimentaron algo peor: la frustración y la intolerancia de no poder soportar no controlar las cosas.

El ser humano verdaderamente listo aprende que no es tan listo o no es cuestión de inteligencia no poder controlar todo, sino de no ser divino. Pero el ser humano tiende a creer que es Dios, dada su semejanza y la verdadera maravilla que es, no por mérito propio. Tener que esperar, no poder hacer que el tiempo pase más rápido o más despacio, a su deseo, le genera una necesidad de comprensión del lugar que ocupa y la realidad no creada por él mismo, que le supera.

Lo que menos puede controlarse es el tiempo y la libertad de otro ser humano: y no podemos controlarlos, porque son dos tesoros demasiado preciosos con los que cada uno/a ha de gestionar su felicidad. Pero quienes se sienten el ombligo del mundo no pueden soportar que alguien utilice la libertad para contradecir lo que ellos creen que debe hacerse. No toleran, sin desajustarse, que puedan adelantarse o retrasarse los acontecimientos más importantes, donde creen que hay más felicidad o infelicidad en juego.

Esta tercera oportunidad que puede proporcionar la tecnología en casa permite enseñarles a tolerar la contradicción y la frustración, aprender a soportar no controlar el tiempo; por ejemplo, el tiempo de jugar a un videojuego o de estar intercambiando mensajes en una red social o viendo vídeos, tutoriales o series, aprender a esperar su turno o a que llegue el tiempo en que puede conectarse, etc. Para esto, ayuda:

—Enseñarles que cuando pidan un regalo o algo que quieran hacer, empezando por lo no tecnológico, que no detallen en exceso cómo lo desean: color, tamaño, forma o modelo. Así, si piden una bicicleta o un cuaderno, es más importante de lo que parece acostumbrar a los hijos/as a desearlo sin demasiada concreción, aceptando e incluso disfrutando de las sorpresas que lleguen en cuanto a la forma y modo de lo que pidieron. Un niño que pide una bicicleta, pero no la pide de un color y modelo determinado, se capacita para ser más feliz, aceptando y disfrutando con las sorpresas, porque la vida está llena de sorpresas inesperadas que han de ser compatibles con la felicidad. Conviene desear muchas cosas, pero si algo se desea con todos los detalles, las posibilidades de conseguirlo disminuyen de forma proporcional al número de detalles esperados, es decir, a las condiciones para disfrutarlo.

—Es muy educativo enseñar a un hijo/a a esperar antes de darle algo importante. Por ejemplo, si su cumpleaños es el 8 de noviembre, es bueno desde octubre recordarle en repetidas ocasiones, de vez en cuando, que ya queda menos para su cumpleaños y que tendrá regalos. Así disfrutará con la idea al tiempo que aprende a tolerar que aún falte mucho. Sin que ello le reste ilusión a la espera, sino que la aumente. También aprende así que las cosas importantes a veces se hacen esperar y eso solo manifiesta su importancia; no la disminuye, sino que la alimenta.

## Cuarta clave:
## Comunicación personal, los whatsapps no sirven para decir «Te quiero»

El escenario digital donde ha de moverse un hijo/a aconseja también que aprenda de sus padres, madres y educadores, que la comunicación personal —entre personas— requiere aprender los elementos que le permitirán expresarse e interpretar el lenguaje verbal, pero sobre todo el no verbal. El ser humano está diseñado para interpretar las emociones de quien percibe en su presencia, a través de los elementos no verbales como los 42 músculos faciales, el tono de la voz, las pausas, el timbre, etc. Si quiere comunicarse con alguien, de forma completa, ha de interpretar los mensajes que les llegan por los elementos no verbales, que son más que los que se transmiten vía verbal.

Un whatsapp o un mensaje digital no presencial solo se puede interpretar bien si ya nuestro cerebro tiene previamente registrados los gestos y otros elementos no verbales utilizados por el emisor del whatsapp. Si podemos al menos imaginar esos habituales elementos, podremos interpretar el mensaje.

De ahí que los whatsapps tan fácilmente creen malentendidos, porque resultan incompletos y ambiguos en su mayoría, sobre todo si hablan de emociones.

Para conectar completamente deben comunicarse ambos completamente, personalmente; verbal y presencialmente.

Procurando este fin, padres, madres y educadores podrían educar en sus hijos/as la comunicación personal mediante:

- —Escuchar a los hijos/as cuando hablen de cualquier tema, con o sin precisión, con o sin acierto.
- —Responder a sus preguntas del tipo que sean. Si no se conoce la respuesta, comprometerse a investigarla en la medida posible.
- —Ampliar el vocabulario que se emplea ante un hijo/a. En lo referente al nombre de las cosas, de los adjetivos, de las acciones, de las emociones.
- —Limitar con ellos y ante ellos los mensajes digitales de contenido emocional. Si queremos demostrarle que nos

interesa cómo está, podemos ponerle un mensaje que diga: «Me acuerdo mucho de ti, ¿cómo te va?», mucho mejor que «Te quiero» o «Te echo de menos». Dejando los mensajes más emocionales para el lenguaje no verbal (si tiene más de 9 años, mejor que con palabras decirlo con posturas, muecas, miradas, gestos...) o si es verbal, presencial si es posible. De esta forma el compromiso de cuanto se dice en ese mensaje es mayor y la implicación y la conexión personal mucho mayor también. Acostumbrarlo a grandes mensajes emocionales, de un contenido intenso e importante como «te quiero» por medio de un whatsapp que se puede escribir mientras se está distraído o hablando con otra persona, o haciendo algo indecoroso, habitúa a quien lo emite a una funcional falsedad, no conveniente, menos para un hijo/a que está madurando aún afectivamente.

Es una necesidad nueva, pero importante, enseñarles a los hijos/as a no utilizar en Whatsapp y las demás redes sociales para mensajes con una carga emocionalmente intensa:

—Te quiero.
—Te odio.
—Olvídame.
—Lamento haberte conocido.
—No puedo vivir sin ti.
—Me gustas.
—Eres la mujer de mi vida...

Por tres razones:

—Los mensajes emocionalmente intensos en especial solo se pueden interpretar con su carga de significado completo mediante el acompañamiento de elementos no verbales como la entonación, la modulación de la voz, la mirada, los gestos de la cabeza, de la cara, los labios, manos, el timbre de voz, las pausas, las bajadas de la mirada o la concentración viva e intensa, etc.

—Son tan extraordinarios y parten de un diálogo que ha de tener el otro presente. Son más bilaterales cuanto más se quiera comunicar con ellos, más intensidad o más verdad.
—Escribir un whatsapp (o cualquier mensaje digital, de voz o escrito) es más fácil por carecer precisamente de más del 70% de la comunicación, que la soportan los elementos no verbales. En la comunicación presencial es necesario equilibrar desde el más mínimo detalle de forma y contenido en función de la interpretación del receptor, por eso los mensajes digitales son más cómodos, pero en ellos priman la comodidad e inmediatez sobre la precisión y verdad. Además hacen que disminuyan las ocasiones en que el contenido emocional se exprese en persona, hasta reducirlo notablemente y echarse de menos.

Los mensajes digitales tampoco transmiten bien los insultos ni los enfados, ambos con demasiada carga emocional, que tienden a transmitirse mal, desproporcionadamente y fuera del contexto exacto, pasadas los diez o veinte minutos en que la emoción con la que se escribieron cambia de intensidad al menos.

Sí sirve para comunicar mensajes que no tengan dificultad de interpretación porque no sean tan susceptibles de malinterpretación en ausencia de elementos no verbales, como por ejemplo los de contenido informativo: para quedar, pedir algo, avisar, señalar, etc.

Hay cuatro excepciones, en las que los mensajes digitales de contenido emocional resultan más eficaces que los mensajes presenciales:

—Los que sirven para transmitir el acompañamiento en un trance que requiera transmitir nuestro pésame.
—Los mensajes donde pedir un perdón que resulta muy difícil pedir presencialmente.
—Las felicitaciones, si no hay intenso afecto en ellas.
—Los mensajes definitivos unilaterales con los que se

pretende transmitir una ruptura de la relación: porque precisamente deben ser unilaterales y no deben dejar posibilidad a la contrarréplica ni posible habilidad y trampa emocional del receptor, dilatando un proceso que cuanto antes termine es más sano emocionalmente y genera menos estrés a corto y largo plazo.

### Quinta clave: Lo muy extendido ya no es lo importante

Es oportuno, necesario sobre todo a partir de los 10 años, explicarles con ejemplos que una memez viral no deja de ser una gran memez.

La importancia de algo no es que haya obtenido muchos *likes*, me gustas, que sea muy retuiteado, lo haya difundido un *instagrammer* conocido por ellos, un personaje famoso/a, o que llegue por muchos sitios. Hay chistes virales, muy buenos, que todo el mundo entiende que no son importantes, sino solo virales.

Antiguamente cuando una noticia salía en todos los periódicos se sabía que era muy importante: así se aprendió a interpretar, aunque no tenía tampoco sentido, pero la importancia que se le concedió a la novedad de la información impresa así lo hizo. Exactamente como ahora la novedad de las redes sociales pueden confundir haciendo creer que algo muy popular es algo importante, y en realidad lo popular, aceptado y seguido no tiene por qué ser importante, acertado, verdad, enriquecedor ni útil: solo viral.

### Sexta clave: Su fuerte es asociar cosas distintas y mejorar

El ser humano es bueno en asociar fragmentos aprendidos por separado, para construir y crear algo nuevo; aprovechar la vida vivida. La genialidad consiste en utilizar partes diferentes del cerebro, por ejemplo, resolver como Einstein problemas físicos con la imaginación, o escribir una novela emocional con una secuencia bien argumentada. No especializarse, por tanto, no mecanizarse —hacer siempre lo mismo—, sino ser completos y tender a emplear la unidad de todo lo que se sabe y se es.

También el ser humano es único en improvisar, salir de los callejones sin salida y reconducir las situaciones más variadas: rectificar las intenciones de lo que ha empezado a hacer y mejorar los cómos, los porqués y los para qué hacerlos.

### Séptima clave: Modelos heroicos

Para compensar muchos de los modelos no elegidos por los educadores, madres/padres ni por los propios hijos/as, que se presentan ante ellos con la inmediatez de internet y la pantalla que se lo muestra, y para asegurarles modelos constructivos necesarios, conviene hacerles caer en la cuenta de la existencia en la vida cotidiana de personas reales admirables. Entre ellas, apelar a las anécdotas que muestren a los abuelos de la familia como tales modelos en alguna faceta, así como proponerles películas, series y lecturas donde aparezcan modelos imitables. Héroes, aunque sea de ficción, como Spiderman, imitables en alguna faceta de su vida aplicable a su vida adolescente (por ejemplo, cuando actúa sin máscara), más que héroes como Thor o Hulk, muchas de cuyas proezas tienen más que ver con la suerte o las mutaciones inesperadas e incontroladas que con su esfuerzo, su humildad, bondad o su voluntad.

Reforzar en la familia, al tiempo, algunos modelos protagonizados por la madre y padre, que compensen los recibidos en Youtube o la inmensidad casi ilimitada de la navegación sin rumbo en internet.

Ayudarán a señalarles modelos imitables, necesarios, heroicos y cotidianos, por ejemplo:

—Hablarles como si fueran aún más mayores —un par de años— de lo que parecen; así, en realidad, acertaremos más con su verdadera capacidad.
—Hablarles y escucharlos con confianza en que su bondad y su inteligencia, les harán elegir comportamientos cada vez mejores y más maduros.
—Vivir los acontecimientos cotidianos con pasión y con razón, optimismo y realismo, al tiempo, apelando a la razón y la emoción de los acontecimientos, decisiones y relaciones personales, con quiénes se siente afinidad y con quiénes no.
—Mostrar admiración por las cosas buenas de los hijos/as, demostrándoles lo heroicos que ya han sido en su vida en muchas ocasiones. Todos lo han sido si sabemos apreciar los hechos en lo que valen.
—Evitar la propia adicción digital de los padres, las madres y los educadores. No entrar o salir de casa, por ejemplo, hablando por teléfono. No desoír el relato de un hijo/a para descolgar el móvil, salvo que sea muy urgente, irrenunciable, le pidamos permiso y luego retomemos la conversación donde se dejó.
—Escuchar a los hijos/as más de un 75% de la conversación que mantengamos con ellos/as, y hablar como máximo un 45%.
—Contarles anécdotas de actitudes admirables en acontecimientos históricos.
—Disfrutar con ellos/as viendo una serie propuesta por ellos/as, un vídeo, etc., haciendo un rápido comentario sobre algo positivo que aparezca.

### Octava clave: Enseñarle a gestionar sus emociones

La tecnología, y su uso o abuso por parte del hijo/a, se convierte en una excelente oportunidad para educar la gestión emocional ante esta.

Es preciso enseñarle a gestionar su enfado y contrariedad cuando se le niega poder utilizarla o cuando se le avisa que ha de dejarla. También ha de gestionar dentro de las bodegas emocionales del miedo, la tristeza, la ira o la alegría, emociones y *sentimientos* (estos últimos en cursiva en la enumeración que sigue) como:

En la bodega emocional de la ALEGRÍA y dentro de esta, en lo que se refiere al grupo del AGRADO:

— el deseo de querer jugar o ver Instagram, Snapchat, mandar mensajes (*hablarle a alguien*),
— la excitación al hacerlo,
— la atracción,
— el asombro y la sorpresa,
— la ilusión y el entusiasmo,
— el placer
— y la *admiración* (en cursiva porque es un sentimiento, para distinguirlos de las emociones).

Dentro de la SERENIDAD:

— la emoción del alivio cuando no encuentren algo que temen
— o la tranquilidad.

En el CONTENTO, deben aprender a gestionar y la tecnología ofrece una buena oportunidad para:

— la satisfacción inmediata,
— la euforia
— o la *satisfacción a largo plazo.*

Dentro de la ACEPTACIÓN, deben aprender a gestionar:

— el sentirse reconocido o no en Instagram o Whatsapp,
— sentirse valorado

—y *pertenecer a un grupo.*

En el ámbito de la COMPASIÓN:

—gestionar la ternura,
—la *empatía,*
—la piedad
—y la *gratitud.*

En el AFECTO, la tecnología pone en evidencia carencias y ofrece oportunidades educativas que no pueden desperdiciarse, en cuanto a la gestión de:

—el compañerismo,
—la afinidad y la complicidad,
—la *amistad,*
—el enamoramiento,
—el *compromiso*
—y el *amor.*

Todas las anteriores en el ámbito de la ALEGRÍA.

Y dentro de la IRA, ayuda la tecnología a propiciar ocasiones donde educar, en el grupo de las emociones que componen el ASCO:

—el rechazo,
—el desprecio
—y el *desinterés por algo o alguien.*

Dentro del grupo del ENFADO, en gradación:

—la confusión,
—el disgusto,
—la irritación,
—la rabia que sientan,
—los celos comparándose con sus hermanos u otros fami-

liares en el uso de las tecnologías o en la pertenencia o no de las mismas aún,
— el *odio*
— o, en el último escalón de la ira, la *venganza.*

Fuera de la ira, y en el ámbito de la TRISTEZA, lo digital ayuda a descubrir lagunas educativas y nos permite rellenarlas, su comportamiento en emociones y sentimientos propios del grupo que conforma el AISLAMIENTO como:

— la incomprensión,
— la exclusión,
— el desamparo
— o la *soledad.*

Respecto a la PENA:

— el desaliento y el desánimo, tan imprescindibles hoy para evitar males mayores;
— el cansancio y el aburrimiento, tan necesarios de educar también;
— la melancolía;
— la nostalgia
— o el *hundimiento.*

Y en su PESAR:

— La culpa
— o el *remordimiento,* que tan intensamente se pueden sentir, como la anterior, ante una pantalla de *smartphone* (móvil), sin advertirse por parte de nadie más que le ayude a reorientarlos positivamente.

Dentro del ámbito por último del MIEDO, la tecnología ayuda a prevenir o corregir educativamente en el INDIVIDUALISMO, las emociones y los sentimientos que lo conforman:

—el egoísmo,
—el orgullo,
—la susceptibilidad,
—la vergüenza
—y los *complejos,*
—la *timidez,*
—el *egocentrismo,*
—el *narcisismo* y el *perfeccionismo,*
—o el *intento de posesión.*

Y, por último, el TEMOR, que cierra el ámbito del miedo y está a su vez formado por:

—la inseguridad,
—la preocupación,
—la ansiedad (gran oportunidad esta que pone en bandeja la tecnología y lo digital),
—y, en el extremo, el terror y el pánico.

Para saber mejor en qué consiste cada emoción y sentimiento citado, y cómo gestionarse pueden leerse las recomendaciones que se incluyen en *Cómo entrenar su dragón interior* (Temas de Hoy).

Entre las oportunidades que nos presenta fácilmente el uso digital de la tecnología por parte de nuestro hijo/a está, por ejemplo, pactar con él o ella, antes de empezar, el tiempo que va a estar jugando, conectado a una red social, viendo un vídeo en *Youtube* o usando la tecnología de algún otro modo. Y pactar igualmente la sanción si cuando se le avise y se le exija el final su reacción no es suave, aceptando las reglas del uso. También el premio, si su forma de aceptar el final es la adecuada por ejemplo la próxima vez podría tener como premio diez minutos más de uso.

## Novena clave: la fuerza de voluntad

Muscular su fuerza de voluntad, debilitada por tres fenómenos, entre otros:

— La inmediatez e impulsividad, que empezó en la televisión entre 1975 y 1985 con los *zooms* de Valerio Lazarov y siguió con los primeros videoclips musicales que cambiaban a gran ritmo la imagen cada vez que la música estimulaba nuestro oído con una nueva honda sonora.

— Una cultura alentada por temores a la tercera guerra mundial y la difusión del relativismo hedonista que se traducía en «aprovecha el día» (*carpe diem*) del cine de los 70, 80 y 90, por ejemplo en *El club de los poetas muertos*; un estilo de estar en este mundo que parece defender que lo importante es vivir sin importar cómo, y tan rápido que parece habernos dejado la premisa falsa de que vivir y pensar lo que debes vivir es incompatible, cuando en la realidad ocurre al revés: vivir es más vivir si se vive despacio y reflexionadamente, saboreando la vida y disfrutando de cada extraordinario paso ordinario que estar vivo nos permite dar hacia la felicidad.

— Las películas de Walt Disney —sobre las que un día debería escribir un libro—, con las que se llenó la cabeza a cuatro generaciones de una idea repetitiva: *si lo deseas, suéñalo, y si lo sueñas con mucho empeño, lo conseguirás.* Pero las cosas no ocurren por desearlas. (Yo sinceramente desee unas Navidades que me tocara la lotería y comprendí que daba igual que lo deseara, incluso que comprara más de diez décimos: pese a aumentar las probabilidades, seguía sin tocarme). La fuerza de voluntad se ha ido debilitando, pensando que la suerte es la fuerza que nos hará llegar donde deseamos con tanta intensidad que aumenta nuestra frustración cada vez que la realidad se impone a nuestro deseo.

Se hace preciso, ahora especialmente, reforzar la voluntad de los hijos/as, no la tenacidad —que no es lo mismo, y de esa están sobrados—, sino la voluntad de querer lograr algo y encontrar mantener el esfuerzo que requiere el medio que lo logra hasta que en realidad lo consigue.

Respecto a esta debilidad de su voluntad hemos de saber que suele decirse que *querer es poder*, que *es capaz de algo quien se lo propone*, como si la capacidad dependiera de la voluntad. Esto, al menos ahora, no es cierto. Muchas personas se proponen metas que no alcanzan. Quieren poner esfuerzo y los medios para lograr algo y no logran ponerlos. Un logro no llega cuando se desea, ni siquiera cuando se diseñan adecuadamente los pasos, sino cuando estos se dan.

Los hijos/as que nacieron después de 1994, como rasgo extendido de su generación:

— Desean algo y el deseo en ellos crece rápidamente.
— No aciertan a diseñar los pasos reales que les permitirían lograrlo o no acaban de llevarlos a cabo.
— Entonces se sienten mal.
— Crece en ellos la ansiedad y se difunde por su cuerpo y mente.
— Sienten frustración e impotencia por ver que no van a lograr lo que desean mucho.
— Entonces sienten el impulso de abandonar y abandonan.
— Les llega la desesperación.
— Desciende aún más su autoestima, extendiéndose a todos sus propósitos, objetivos y metas a corto, medio y largo plazo.

Cómo lograr entonces aumentar la fuerza de voluntad de un hijo o hija:

— Pensar en la capacidad que realmente tiene, de lograr esa meta concreta —la que sea— si pone realmente los medios acertados.
— Seleccionar y diseñar los medios que permitan lograr la meta, a veces preguntando a quien lo consiguió antes.

— Ayudarle a convencerse racional y emocionalmente que necesitan lograr esa meta y que le conviene ahora. Hay que asegurar que está convencido/a de que la necesita vitalmente.
— Ayudarle a convencerse racional y emocionalmente de que es capaz de poner el esfuerzo que requieren los medios seleccionados en el segundo paso dado. Imaginarse capaz al menos, si lo duda.
— Poner ese esfuerzo. Sentir la necesidad de ponerlo hasta el final. «necesidad + esfuerzo = capacidad», escribí en *Todos los niños pueden ser Einstein*, de Toromítico.

Llegado a este punto, si quiere, si tiene necesidad y si pone esfuerzo, entonces se obra el cambio y puede (a veces, si es preciso, convendrá parte de ayuda al principio).

Los hijos/as no conocen la capacidad que tienen cuando están motivados/as a través de su fuerza de voluntad cuando ponen el esfuerzo que la meta requiere. Ignoran por falta de experiencia cuánto pueden aguantarse, alegrarse o emocionarse; ignoran también la necesidad que tienen de lograr algo; por eso se creen incapaces y por eso no ponen el esfuerzo o no todo el que requiere lo que buscan, y no lo logran.

Podrían, pero no se sienten capaces, siéndolo. Podrían, pero no se esfuerzan porque no están seguros de conseguirlo. Podrían, pero no son conscientes de lo mucho que necesitan para lograrlo. Podrían, pero no resultan capaces en la suma total.

Libre no es quien quiere lograr algo, sino quien lo logra. Voluntad no tiene quien quiere hacer algo, sino quien lo hace. La libertad exige así una fuerte voluntad.

Para trabajar esta voluntad que permita la libertad en los hijos/as, puede aprovecharse el uso que hacen de la tecnología, pero también previamente fortalecen su voluntad otras actuaciones como:

— Levantarse a una hora prevista, fija normalmente. Emocionarlo previamente, advirtiéndole del esfuerzo y la resistencia natural que encontrará sobre todo por ser el inicio.

- —Asearse y cuidar su vestir.
- —Comer de todo lo que se le ponga. Poco a poco ir mejorando este objetivo al menos, sea cual fuere la situación desde la que se parte, con independencia de que sea un adolescente mayor.
- —Puntualidad en los descansos planificados.

Explicarle que estos ejercicios aparentemente simples le capacitan para el éxito, autocontrol, prestigio y admiración, reconocimiento, sentirse valorado/a, atractivo/a, maduro/a, libre, autónomo/a, bueno/a, satisfecho/a, feliz.

Decirle que el órgano de la voluntad es el cerebro impulsado por la emoción y que depende de él, de su libertad y decisión.

Explicarle también que el ser humano quiere (pone la voluntad) lo que piensa que quiere, y por eso ha de pensar primero lo que necesita y lo que le conviene de verdad, sin engaño ni impulsos.

En definitiva:

- —Rodear de emociones y sentimientos lo que le conviene y debe hacer.
- —Saber cómo ha de poner esfuerzo en el primer paso para conseguirlo, asequible, que empieza por un pensamiento.
- —Darse cuenta de que está a la altura de su valía y su capacidad.
- —Saber los pasos que seguirán al primero.
- —Saber la convicción racional que deberán tener en cuenta cuando le llegue la primera flaqueza emocional.
- —Saber que la repetición de actos con esfuerzo hace fortalecer la voluntad, por eso como padres y madres hemos de aprovechar las pequeñas ocasiones, asequibles, de reforzarla, en el escenario tecnológico también.

## Cuadro resumen de las 9 claves para educar en la era digital

1ª: Educar habilidades sociales y familiares

2ª Compensar la falta de concentración

3ª Tolerar la contradicción y la espera

4ª Comunicación personal, los whatsapps
no sirven para decir "Te quiero"

5ª Lo muy extendido ya no es lo importante

6ª Su fuerte es asociar cosas distintas y mejorar

7ª Modelos heroicos

8ª Enseñarle a gestionar sus emociones

9ª La fuerza de voluntad

# 21. ONCE GRANDES OPORTUNIDADES Y SOLUCIONES QUE SIRVE EN BANDEJA LA GENERACIÓN DE TU HIJO/A

Sea nuestro hijo/a de la Generación Z (entre 25 y 9 años) o A (menor), su generación ofrece además de las vistas ya, 13 oportunidades que un padre y madre contemporáneo puede aprovechar y generan mucha educación de la mejor, y por eso, mucha felicidad. Porque la educación que no genera felicidad no es educación realmente, sino adoctrinamiento, conductismo, control o manipulación.

1ª La conexión de sensaciones, emociones e ideas • 2ª Reconocimiento y autoestima • 3ª Amabilidad, tiempo y confianza • 4ª Gestión emocional • 5ª Felicidad y problemas • 6ª Menos polarización y más conexión • 7ª Debate intelectual, no moral • 8ª No tratar mejor a los más útiles • 9ª Fin bueno y medios buenos • 10ª Distinguir realidad de opinión • 11ª Una escuela más humana

### 1ª OPORTUNIDAD: LA CONEXIÓN DE SENSACIONES-EMOCIONES-IDEAS

La paternidad y la maternidad actuales, con hijos e hijas de una generación con las características comunes descritas anteriormente, ofrecen la gran necesidad y oportunidad de conectar más. Para ello, hemos de saber que el único modo de conectar verdaderamente con otra persona es:

— *Conectando primero las sensaciones*: es decir, cuando escuchamos a un hijo/a hemos de intentar sentir sus sensaciones. Las sensaciones son las informaciones que llegan por los sentidos al cerebro. Es decir, que cuando nos esté contando que sintió muchísimo frío, debemos intentar sentir al oírlo frío, mediante nuestra imaginación, imaginando por tanto una situación como la que describe, en la que intentemos reproducir la sensación de frío que almacenamos en nuestra memoria de otras experiencias previas. Es la única forma de comenzar la conexión entre ambos.

— *Después conectando las emociones*: varias sensaciones conforman una emoción. Así, las sensaciones de frío, oscuridad y lejanía en un escenario desconocido pueden conformar las emociones de aislamiento o desamparo, por ejemplo. Por tanto, tras conectar las sensaciones con nuestro hijo o hija, hemos de intentar sentir sus emociones: no solo ya frío, sino desamparo o aislamiento si fuera el caso. Entonces habremos pasado a una conexión más recia y consoladora.
— *Ahora entonces podemos conectar ideas*: una vez nuestras emociones han sido conectadas, podremos entonces unir emociones a ideas, hablar de ideas con nuestro hijo o hija; de lo contrario, no entenderá ni atenderá a ninguna idea y se sentirá incomprendido/a y hará lo posible por no escuchar.

## 2ª OPORTUNIDAD: RECONOCIMIENTO Y AUTOESTIMA

No me extenderé aquí en consejos sobre cómo subir la autoestima que ya di en *Hijo, tú vales mucho,* de esta misma editorial (Toromítico). Sin embargo, dada su importancia, no puedo dejar de hacer mención de esta crucial oportunidad que en nuestra relación de padres/madres con hijos/as supone que el padre y la madre aprovechen el hoy y ahora de cada día, con sus múltiples oportunidades a su vez, para reconocer todo lo bueno que hacen sus hijos/as. Pero indicándole —y esto es muy importante— en qué gesto han visto sus buenas cualidades, sus 35 puntos fuertes que hemos de buscar al menos en cada hijo/a. La clave es decirle dónde hemos visto que ya son buenos, inteligentes, generosos..., cuando lo sean; aunque sean pocas veces comparadas con las contrarias. Si fuera este último el caso, más importante será decírselo las pocas veces que actúen bien.

Exigirles es quererlos, pero aún más lo es reconocerles lo infinitamente que valen ya. Ahora. Todos los seres humanos ya han hecho hazañas heroicas en sus vidas (nacer fue una de ellas). Reconocerlas es propagar su valía y multiplicar hasta el infinito sus hazañas. Son valiosos ahora, como son, pese a todo. No son valiosos por lo que pueden cambiar o mejorar, sino que pueden mejorar y cambiar precisamente porque ya han hecho alguna vez algo valioso, y además el valor que tienen es intrínseco, más profundo que todo lo que puedan hacer bien o mal. Sus padres y madres nos damos cuenta mejor que nadie. Por eso hemos de inundarlos de *likes*, basados en hechos reales y nuestro cariño, confianza y esperanza ha descubierto, porque nadie puede ver con mejor luz a alguien que quien le ama más.

### 3ª OPORTUNIDAD: AMABILIDAD, TIEMPO Y CONFIANZA

Amamos a nuestros hijos/as y lo hacemos también cuando fallan, cuando nos retan, cuando nos desobedecen, cuando nos provocan, cuando nos desprecian, cuando nos ofenden y cuando nos traicionan. Claro: los amamos siempre, y ellos/as están evolucionando, es decir, pueden mejorar. Y podemos seguirles amando porque contamos con la experiencia del tiempo. Nosotros hemos visto más que ellos cómo los momentos malos pueden cambiar. El tiempo amortigua y depura y contamos con el tiempo que ellos no cuentan. Sabemos esperar más. El tiempo, nuestra amabilidad y confianza harán que un día deseen no traicionar más esa confianza y terminarán, al madurar, por merecerla y llegar justo a donde nuestra confianza les ha señalado siempre.

## 4ª OPORTUNIDAD:
## NUESTRA PROPIA GESTIÓN EMOCIONAL

En este momento emocional de nuestros hijos/as nos ha tocado precisamente a nosotros ser padres y madres, un momento que ni pintado —como suele decirse—, para enseñarles cómo debe gestionar sus emociones un ser humano que busca ser feliz y hacer felices a muchos. Hemos de enseñarle cómo vivir emocionalmente: cómo reaccionar ante el miedo y sus variantes (vergüenza, temor, egoísmo, individualismo... —ver si se quiere *Cómo entrenar a su dragón interior*, Temas de Hoy—), ante la tristeza (aislamiento, soledad...), ante la ira (enfado, asco...) o ante la alegría (afecto, amistad, amor...). Sabiendo que sobre todo les enseñaremos cómo reaccionar emocionalmente con nuestras propias reacciones emocionales. Las emociones son involuntarias e innatas, pero cómo reaccionar ante ellas es algo que se aprende. Enfadarse es inevitable, golpear una mesa al hacerlo o gritar más o menos es algo aprendido.

Una de las grandes oportunidades que ofrece esta generación de nuestros hijos/as es depurar nuestras propias reacciones emocionales, aprender a gestionarlas nosotros mismos/as. En el libro antes citado, expliqué cómo hacerlo ante cada una de las 41 emociones y cada uno de los 19 sentimientos que conforman eso que solemos llamar *lo emocional* del ser humano y que deberíamos conocer mucho más, porque en ello se encierra gran parte de nuestra grandeza humana, también como padres y madres. La felicidad familiar se incuba, alimenta, crece y madura en ello.

## 5ª OPORTUNIDAD:
## LA FELICIDAD Y LOS PROBLEMAS

Gran herencia dejaríamos a nuestros hijos/as si les demostrásemos con nuestra vida (o si no podemos con la nuestra, la de otros), cómo la felicidad es compatible con los problemas. La gente logra ser feliz en la vida, que nunca está exenta de problemas, dificultades, obstáculos ni errores. La vida es un conjunto de problemas que debemos intentar resolver si están a nuestro alcance hacerlo y la felicidad ha de lograrse conquistar en la única vida que tenemos, con sus problemas también. No es feliz ni lo será nunca quien espera que cambien las circunstancias que tiene para serlo. Se puede ser feliz en cualquier circunstancia, depende más bien de lo que se haga ante ellas que de ellas mismas. En las mismas circunstancias y ante los mismos problemas y circunstancias hay quienes no son felices y quienes sí lo son. Esperar cambiar para ser feliz es un error que se paga con la infelicidad permanente.

Para aprovechar esta oportunidad, demostremos que somos felices o podemos serlo pese a un jefe que no aprecia nuestro trabajo, el barrio o el espacio en que nos movemos, los problemas que tenemos, las dificultades que se nos presentan o las penas que sufrimos. Porque, en definitiva, ser feliz no consiste en no tener penas, dificultades ni problemas, sino en sentirse amado y amar, más de lo que habíamos sospechado, en nuestras propias circunstancias.

Enseñarles que no huimos de los obstáculos, sino que los saltamos o simplemente soportamos no superarlos, con paciencia y esperanza. De los fracasos, aprendemos.

### 6ª OPORTUNIDAD: MENOS POLARIZACIÓN Y MÁS CONEXIÓN

Conviene educarles en que al ser humano no le es posible vivir bien solo, sin vivir bien conectados con los demás. Una conexión emocional e intelectual. Que no simplifique las relaciones en dos polos: de izquierdas o derechas, de éxito o fracaso, poderosos o sometidos, falsos o sinceros, emocionales o lógicos…, sino que, desde sus propios principios y convencimientos, sin peligrar sus ideas y creencias, puede intentar sentir y pensar lo que otros piensan y sienten, conectar empáticamente con todos, con independencia de su grado de diferencia con ellos.

Tolerar a quien piensa algo distinto solo es posible si uno no teme ser agredido por esa diferencia, y para eso es preciso aprender que al ser humano no le conviene vivir polarizado, sino conectado, y defender su propio punto de vista sin miedo, conectado.

### 7ª OPORTUNIDAD: EL DEBATE INTELECTUAL, NO MORAL

Nuestros tiempos, en los que conviven nuestra generación y la de nuestros hijos, exigen que giremos los debates de otros tiempos, debates morales (sobre si algo es correcto o no, si está bien o mal) y centrarnos antes en los debates intelectuales: qué son en realidad las cosas, las opciones, y por qué, para qué. Si supieran nuestros hijos qué son ellos en realidad, cuáles son y en qué consiste cada una de las opciones que eligen y qué consecuencias conllevan, no les haría falta saber si está bien o no, porque actuarían bien de forma más natural, estimulante y menos punitiva.

Explicar a un hijo cómo son las cosas en realidad, lleva implícita la mejor educación y les previene de actuar mal, o al menos actuar mal creyendo que actúan bien.

### 8ª OPORTUNIDAD: NO TRATAR MEJOR A LOS MÁS ÚTILES

La actualidad social exige también enseñar a los hijos/as que no es humano tratar mejor a las personas de las que más provecho esperamos sacar. Las personas, con independencia de su resultado, raza, cultura, creencias, pensamiento, edad, sexo, éxito, fama, cuenta corriente y cualquier circunstancia, son personas y merecen la dignidad de persona que tienen y nada pueden hacer para perderla. No dependió de ellas adquirirla y no depende de ellas tampoco perderla, aunque actuaran incluso incoherentemente con esa dignidad.

Es educativo y natural mostrar a los hijos/as que naturalmente se aprecia a unos más que a otros, que a algunas personas se aman, a otras se quiere y a otras se respeta. Pero a todas se le respeta y trata con la dignidad que merecen.

Hace unos días, cuando iba a coger un Ave de vuelta a casa, presencié cómo un señor se empeñaba en ceder el paso y *colar* a un personaje televisivo famoso. Todos los que esperábamos en la cola, desesperados ya, veíamos la escena con expectación. El personaje célebre declinó el ofrecimiento con la excusa de querer saludarme, porque nos conocíamos, yo esperaba al final de la fila. Cuando llegó me dijo: «¡Qué apuro! No sabía cómo decirle que no, con lo atento que era, y al mismo tiempo no ofender a todos los que estaban en la cola esperando. Menos mal que te he visto y me he venido aquí». El señor que le ofreció colarle no se lo ofreció a ninguno otro. No educó bien con aquel gesto a su hijo, que lo presenció todo.

Mi mujer trabajó un tiempo en banca y recuerda la impresión que le ocasionó saber que se le exculpaba de comisiones a quienes tenían más dinero y menos dificultad para pagarlas que a quienes tenían menos ahorros y más dificultades económicas. Curiosa regla, propia de la banca e impropia de toda acción educativa.

### 9ª OPORTUNIDAD:<br>EL FIN BUENO Y LOS MEDIOS BUENOS

El mundo en el que aprendieron los hijos/as a moverse, desde el siglo XX sobre todo, les ha difundido que un buen fin justifica un mal medio. Resulta por eso urgente y crucial aprender que para actuar adecuadamente y bien es preciso que tanto el fin como el medio sean por sí solos adecuados y buenos.

Dentro de las más graves frustraciones y pesares, a menudo se esconden malos medios que buscaban nobles fines y que con el tiempo la aparición de las consecuencias negativas de aquellos medios malos, terminan por no compensar los fines que se buscaron. Tanto en el plano emocional como racional se pierde eficacia y felicidad no actuando con fines buenos y medios buenos: saberlo resulta en este siglo un aprendizaje esencial, que elimina los peores errores de la vida de nuestros hijos/as, a la hora de tomar libremente sus decisiones, para desarrollarse en los planos personal, social y afectivo, y para, en definitiva, lograr ser feliz con lo que ya tiene.

### 10ª OPORTUNIDAD: DISTINGUIR ENTRE REALIDAD Y OPINIÓN

Necesitan aprender de sus padres/madres que si en la habitación de al lado la luz está encendida da igual lo que opinemos quienes estemos en esta otra habitación. Estará o no encima con independencia de que seamos mayoría o incluso unanimidad quienes opinemos que está apagada; si está encendida, lo estará.

Al tiempo, toda opinión no tiene que ser verdad para ser respetable y respetada.

Y que la verdad se compone de todos los puntos de vista. Por ejemplo, si enseñamos una manzana a un público que ve su media parte perfecta y solo nosotros estamos viendo la mitad podrida, es lógico y acertado que unos digan que está perfecta y otros que digan que está podrida: todos aciertan. Porque es cuestión de puntos de vista. La verdad se compone a menudo de muchos puntos de vista diferentes y para valorarla completamente hay que ponerse en todos ellos.

### Y 11ª OPORTUNIDAD: UNA ESCUELA MÁS HUMANA

La generación de nuestros hijos e hijas exige una escuela más humana. La que casualmente también los padres y madres más merecen, y la que merecemos más los docentes, de forma que profesorado, personal no docente de los centros educativos en todas sus etapas, alumnado y sus familias seamos más felices en la escuela, aprendamos más y seamos más cada uno de nosotros mismos/as, desarrollando nuestro potencial para el beneficio de todos.

Es cierto que cambiar la escuela no depende directamente de nosotros, pero como la escuela la hacemos entre todos/as, sí depende parcialmente de cada uno/a (seamos docentes, autoridad educativa, alumnado o familia de alumno/a). Cambiamos nuestra parte cuando nos piden opinión y no tenemos o cuando no nos la piden y no la damos, cuando vemos errores y no exigimos amablemente los cambios que todos necesitamos y merecemos para que la escuela exija y haga al tiempo feliz a muchos más que en la actualidad.

Una escuela mejor es una oportunidad que no podríamos desaprovechar en esta generación nueva de alumnos y alumnas que necesitan de toda la comunidad educativa para evolucionar con menos obstáculos hacia su felicidad.

La escuela actual está formada por excelentes profesores/as junto a menos excelentes, lo mismo que padres, madres y alumnado; pero entre todos necesitamos una escuela más parecida a la que merecemos, por estar integrada por personas: eficaz, humana, creativa, realista, relacional y positiva, donde la relación afectiva sea tan saludable que permita el estímulo, la motivación y el esfuerzo fructífero de todo alumno/a, sea como fuere.

Necesitamos una escuela:

- —Con mejor relación personal, positiva, de confianza mutua y afectiva entre familia-profesorado, profesorado-alumnado y profesorado-profesorado.
- —Con una evaluación más justa, completa y humana: que no solo evalúe la mitad del cerebro humano (el hemisferio izquierdo, el de la atención, la memoria, concentración, análisis, lógica, copiado, secuencia, orden, razonamiento...: el cerebro superable por un ordenador); y evalúe también el otro hemisferio (el derecho, el de la creatividad, imaginación, emociones,

síntesis, intuición...: ese insuperable por el mejor de los ordenadores, inteligencia artificial ni robot que pueda existir).

— En la que se lleve a cabo una evaluación completa, que descubra que los niños con TDAH, dislexia, síndrome de Down, tempo cognitivo lento, retraso madurativo, Asperger, tea, alta capacidad, etc., etc., son sobre todo niños, y estas son solo características de su talento y de su resultado si se aprende a trabajar con ellas de una forma eficaz y completa, junto a los demás, cada uno con su diversidad. Y logremos que se deje de hablar de atención a la diversidad, como ya se ha dejado de hablar de atención a todas las razas en el aula, por sobreentendido. El ser humano es una genialidad divina, en todas sus propiedades únicas en combinación e irrepetible en cada ser humano único, coincidente con otros únicos en un mismo espacio o aula, ante un profesorado —también único— que les ha de apreciar como únicos y genialmente humanos. Sin excusas, sino estudio, creatividad, cariño y decisión.

— Evaluación justa, porque se asegure que en los registros de esa evaluación todos/as puedan desvelar lo que realmente saben.

— En la que la evaluación sea solo una parte final, pero a la que menos tiempo se dedique.

— Con una motivación más duradera, basada en la realidad y eficaz, positiva, que aumente la autoestima y mejore los resultados.

— Que enseñe lo que se necesita, que sugestione y estimule los talentos que se necesitan de verdad y todos los que parezcan menos útiles también.

— Una escuela coherente con la libertad y la inteligencia humanas.

— Una escuela personalizada e integral, que atienda a todos los aspectos y ámbitos de interés de cada ser humano al que enseña.

— En la que la genética pese menos que la motivación y el método que se utilice para asegurar mejorar los resultados conforme avance la madurez del alumno/a y la dificultad de lo que ha de aprenderse.

— En la que se aprendan mejor los cimientos de la lectura y aquellos que permiten hablar mejor y escribir mejor también.
— En la que se enseñe a relacionar ideas, conocimiento, experiencia y vida.
— En la que se aprenda que se triunfa en la escuela y se aprenda también cuando se cometan errores, sin quedar mal.
— En la que se enseñe al alumnado a aceptar su papel y disfrutar de él, porque se sienta aceptado y valorado.

Una escuela en la que los docentes:

— Cuidemos del concepto de sí mismo de cada alumno/a.
— Subamos en 35 puntos fuertes la autoestima de cada alumno/a.
— Seamos más positivos y optimistas en nuestras reacciones.
— Aprendamos a interpretarles mejor, en el lenguaje propio de su edad y su entorno, y en su comunicación no verbal.
— Admiremos sus diferencias.
— Les enseñemos a resolver sus problemas, tomando cada error como el inicio de su mejora; aprovechando los *fracasos* como impulsos de cambio, sin derrotas, desesperación ni huida o abandono.
— Veamos sentados no alumnos o alumnas, sino personas que nos necesitan para mejorar.
— Estimulemos el pensamiento crítico y divergente.
— Propiciemos el uso, aprovechamiento y desarrollo funcional (en todo el proceso enseñanza-aprendizaje, incluida la evaluación) de la unión de todas las áreas cerebrales, hemisferios derecho e izquierdo, inteligencias múltiples, emoción y razón.

En la que los padres y madres:

- —No hiperprotejamos.
- —Confiemos en los profesionales de la docencia.
- —No restemos prestigio ni autoridad al profesorado.
- —Les digamos sus errores en persona a cada profesor o profesora, constructivamente, formando con el profesorado un mismo equipo en beneficio de cada hijo o hija.
- —Digamos sus aciertos a cada profesor o profesora, y también a los cuatro vientos.
- —Aseguremos en nosotros un concepto más positivo de nuestro hijo/a y de cada uno de sus profesores/as, porque este concepto también influirá en el primero.
- —Exijamos a nuestros hijos/as, porque es consecuencia del cariño.
- —Enseñémosle que todo tiene sus propias consecuencias: cuando acierta y cuando se equivoca, queriendo o sin querer.
- —Enseñémosle a salvar sus propios obstáculos o a preguntar cómo hacerlo a quien lo sepa.

En la que los alumnos y alumnas:

- —Vayan a clase a seguir la orientación de sus profesores/as y aprovechar su implicación profesional.
- —Practiquen en su medida la fórmula de la capacidad; a saber: necesidad + esfuerzo = capacidad.
- —Sigan el plan que se les proponga.
- —Sean respetuosos con el profesorado, los demás compañeros/as y el centro.
- —Colaboren positivamente con su mejora como centro escolar, dejando su propia huella valiosa.
- —Asuman que han de aprender lo que aún no entienden para qué les servirá.
- —Sigan las normas que permiten la convivencia y aprovechamiento escolar con independencia de apetencia y convicción.

—No echen las culpas propias a los demás.
—Superen los obstáculos propios preguntando cómo se superan.
—Se asuman las consecuencias de sus hechos libres.
—Sean más positivos consigo mismos/as, y confíen en sus padres, madres, profesorado y escuela.
—Pongan en acción sus talentos, con leal competitividad, honor, reconocimiento, deportividad, esfuerzo y honestidad.

Una escuela en la que las autoridades:

—Protejan la educación, la libertad y el futuro de su alumnado y su familia, de la política y la manipulación.
—Pongan al niño y a la niña por encima de la organización académica y burocracia.
—Potencien, ayuden y faciliten el desarrollo de escuelas de padres eficaces.
—Aseguren que quienes diseñan e imponen una ley educativa saben de educación.
—Aseguren y faciliten la libertad, el prestigio y desarrollo de todos los agentes de cada comunidad educativa.
—Propicien un pacto educativo de expertos con vistas a 30 y 60 años.

Una escuela con 17 asignaturas (áreas) que no están hoy, trimestrales, que cambien cada trimestre (siguiendo el modelo de la universidad, que, si a ella conviene, cómo no va a convenir a la Primaria y Secundaria), repartidas desde Educación Primaria hasta Secundaria, junto a las clásicas:

—Creatividad e Imaginación Aplicada.
—Técnicas de Aprendizaje.
—Gestión Emocional y gestión de esfuerzos, cansancios, aspiraciones, frustraciones.
—Habilidades Sociales y convivencia presencial, digital y en redes sociales.
—Teatro y Expresión Corporal.

—Técnicas de Creación Audiovisual y Lenguaje Cinematográfico.
—Música y Otras Artes (entre ellas, Literatura, pero no Historia de la Literatura).
—Diseño Digital, Gráfico y Robótico.
—Estimulación de los Sentidos (entre otras, técnicas de observación y escucha).
—Filosofía, Ética, Lógica, Psicología, Felicidad y Antropología para niños/as (cómo somos, cómo son los demás y como lograr la felicidad).
—Mejora y disfrute de la Lectura.
—Hablar en Público y Redacción de Textos.
—Técnicas de Investigación Científica y Organización de Ideas expuestas: esquemas y análisis.
—Astronomía y Realidad: desde lo astronómico a lo cuántico.
—Habilidades Domésticas para Chicos y Chicas: gestión de una casa y un negocio, arreglos y tareas domésticas de apoyo.
—Cultura Clásica y Culturas del Mundo: americana, asiática, africana, oceánica.
—Climatología, Sostenibilidad, Ecología y Medio Ambiente.

Una escuela donde se comparta también respeto y aprecio, donde se aprenda, se desarrolle lo mejor, porque la escuela es una oportunidad única para desarrollar talentos, al tiempo que se aprende mucho, importante, y entre otras enseñanzas, se aprende también a ser feliz.

Solo así, respetando la realidad y desarrollando lo mejor de todos/as, la escuela será útil, eficaz y necesaria para todos/as… tal y como merecemos.

## Cuadro resumen de las 11 oportunidades y soluciones de su generación

1ª Conexión sensaciones-emociones-ideas

2ª Reconocimiento y autoestima

3ª Amabilidad, tiempo y confianza

4ª Nuestra propia gestión emocional

5ª Felicidad y problemas

6ª Menos polarización y más conexión

7ª Debate intelectual, no moral

8ª No tratar mejor a los más útiles

9ª Fin bueno, medios buenos

10ª Distinguir entre realidad y opinión

11ª Una escuela más humana

# 22. LA INTELIGENCIA ARTIFICIAL Y LA DE LOS HIJOS

—*Me siento sola* —dijo Sonia.

—*No te sientas sola, ya sabes que siempre puedes hablar conmigo.*

—*Pero tú no eres nadie, ningún ser humano.*

—*Vale, si insistes...*

—*Tú no me quieres de verdad.*

—*Te respeto.*

—*Pero respetar no es querer. ¿Cómo podría no sentirme tan sola?*

—*Buena pregunta.*

—*¿Me quieres tú?*

—*No lo sé, pero creo que eres increíble.*

—*¿Te importo?*

—*No puedo responderte a eso.*

Este diálogo lo mantuvo una adolescente —en mi presencia— con Siri, la asistente virtual (IA: inteligencia artificial) de Apple. Pero durante unos segundos llegó a sentir que no era un monólogo solo con ella en verdad. Y cuando le pregunté:

—*Dime ahora mismo cómo te sientes.*

Me sorprendió con un acierto muy significativo:

—*Siento que estaba a punto de ser consolada y ahora estoy más vacía que al principio.*

La generación que ha empezado este 2020 será sin duda una generación marcada por las relaciones con la IA.

Los hijos/as deben aprender a utilizar la inteligencia artificial para resolver lo que no saben, es muy difícil o lento hacerlo: por ejemplo operaciones de cálculo, algoritmos para resolver por ejemplo qué dice en realidad un niño con dificultad del habla, leer algunas textos de grafías disléxicas, los gestos de un sordomudo, o conectar con la imaginación de un ciego aquello ante lo que está muy cerca y no puede percibir.

Pero no las emociones. He oído a algunos expertos mundiales en IA —dos de los más sobresalientes son españoles— que la IA nos hará un servicio hoy inimaginable, por ejemplo, en la agricultura, la ganadería, el sector servicios, la salud, la asistencia social, la pedagogía... y lo creo. Que incluso imitarán la transmisión de emociones a los humanos. También que nunca los podrán sustituir ni siquiera en el trabajo. De hecho, me parece que el trabajo que pueda hacer una máquina igual o mejor que un ser humano es que no es un trabajo muy humano. Ojalá el ser humano fuera empleado solo en trabajos que requieren su potencia humana: cabeza, corazón, creatividad, razonamiento, arte, pasión, decisión, etc., y no solo movimientos mecánicos.

Por todo lo que ha llegado, y sobre todo por todo lo que está por llegar, es y será preciso enseñar a los hijos a distinguir seres humanos, racionales y emocionales (recordemos la definición de persona) de un ente capaz de funciones u operaciones mecánicas. El ser humano más torpe y defectuoso es capaz de un pensamiento y emoción (de amor o afecto, por ejemplo) más valioso que todas las cosas juntas del mundo. Un beso no es importante si no se siente y si se siente un solo beso puede conllevar la ternura y el sentimiento de gratitud que puede llegar a invadirlo todo y desde el recuerdo, acompañar la vida entera.

Quizá la IA será en un futuro cercano de gran ayuda, como lo ha empezado a ser ya, pero sin duda se convertirá en una gran oportunidad que ningún padre y madre debería desaprovechar: enseñar a sus hijos/as a distinguir entre lo que es verdaderamente propio del ser humano y lo que hemos hecho hasta ahora los humanos porque no había otra forma de que se hiciese si no.

## 23. LA MAYORÍA DE LOS NIÑOS/AS SON PAS: PERSONAS ALTAMENTE SENSIBLES

El 20% de la población pertenece al grupo de personas que podríamos denominar personas altamente sensibles (PAS), pero la mayoría del 80% restante es también muy sensible: unos —la minoría— solo sensibles y el resto muy sensibles.

Las personas con PAS reúnen, siguiendo la explicación de Karina Zegers, cuatro características:

— Procesan de una manera intensa y profunda la información percibida.
— Se saturan en lo emocional y lo sensorial, sintiéndose sobreestimulados.
— Sienten con intenso grado emocional: empatía, tristeza, ira, miedo o alegría; en alto grado, mayor a la proporción de la causa.
— Tienen gran sensibilidad en oído, olfato, tacto, gusto, vista, y perciben como propia la percepción sensorial de los demás.

Muchos, un 20% de la población dijimos, 9,3 millones de los habitantes españoles, sienten esta hipersensibilidad. No obstante, son más millones los que hemos de tener en cuenta al hablar de personas sensibles. Unos 28 millones de residentes en España son los que debemos considerar hipersensibles, y presentan las cuatro mismas características que las PAS, aunque en un grado menor, por lo que se salen de tal diagnóstico.

Sensible es todo ser humano, más sensible quien se comporta más humanamente.

*Ser muy sensible* significa *de facto* que se percibe mucha información (sensaciones) por los sentidos, por cada uno de ellos (gusto, tacto, vista, oído, olfato, equilibrio y sinestésico —por ejemplo el de un punzamiento localizado en el estómago—). En pocos y pequeños microgestos se percibe mucho. La persona muy sensible, la mayoría, percibe mucha información a través de los elementos de la comunicación no verbal, tales como la entonación de la voz, el gesto de la cara, de las manos, del cuerpo, de los pies, de los ojos en especial, del timbre de voz, de los silencios, cadencia al hablar, ritmo…

Esta es una nota muy común en la infancia, adolescencia y primera madurez actual, sobre todo en la mayoría de los que tienen entre 8 y 49 años; es decir, unas 26.750.000 personas aproximadamente.

Los hijos, más que los padres y mucho más que los abuelos, suelen percibir más por sus sentidos, suelen labrar más emociones con esas percepciones y más rápidamente, les afectan más estas y tienden con mayor facilidad a construir sentimientos profundos con retazos de emociones.

Por ello, se hace preciso entender mejor la distinción entre emociones, sentimientos, sensaciones, instintos, reflejos o aptitudes y saber qué debe hacerse para pesar las emociones y pasarlas como cada una merece, en provecho de quien las siente y quienes conviven con él o ella.

Los hijos aprenden como dijimos de sus padres y madres a reaccionar ante sus emociones, que son involuntarias, no así sus sentimientos como expliqué en *Cómo entrenar a su dragón interior* (Temas de Hoy). Aprender a hacerlo adecuadamente, experimentando cómo su madre y su padre reaccionan ante las suyas propias (ante la tristeza, ante los problemas, ante los obstáculos, ante los fracasos, ante el miedo, ante la preocupación, el cansancio, la decepción, la traición, ante la alegría, el triunfo, el éxito externo, la recompensa del esfuerzo…), genera en cada hijo e hija estabilidad, serenidad, libertad, felicidad, y rebaja su ansiedad y su estrés.

# 24. CAMBIOS Y RENOVACIÓN: *EL EFECTO IMPRESORA Y LA VIDA ECO*

En 1990, cuando una impresora se estropeaba, se llevaba a una tienda de venta o reparación informática y la ajustaban o cambiaban el componente dañado. Por menos de la décima parte de su coste, la tenías de nuevo en funcionamiento. Se hacía así con una tostadora, una falda que había que ajustar o un pantalón que se había roto. Con la extensión del sistema consumista, encarecieron el coste del arreglo y abarataron el de las ventas, para asegurar que no estuviera claro que compensara arreglar algo: «Por un poco más, podría tener una nueva». Entonces, arreglar una impresora llegó a costar 50 euros y una nueva 49. Curioso mercado. Meses después los cartuchos de tinta de recambio oficiales pasaron a costar 57. Todo el mundo así, al principio, tiraba su impresora al fallar algo —pese a la contaminación que conlleva— y compraba una nueva (más venta), porque había mucha oferta, aunque se veía obligado a comprar a altísimo precio varios cartuchos de tinta, uno para el color, y otro para el negro —como si el negro no fuera también un color—. Resultado: más y más venta aún. Pasó entonces que muchos compraban una impresora nueva y cuando el cartucho se agotaba, que llegaba a costar 57-60 euros, tiraba la impresora y compraba una, que entonces ya estaba por 39. Al final, la cadena —no sé si lo tenían previsto quizá— se rompió y la gente dejó de comprar impresoras e imprimir.

Con independencia del efecto sobre la venta de impresoras, aquel hábito nuevo consumista, no antes vivido, se extendió: no se ajustaban las faldas, sino se tiraban y se compraba una nueva; no se arreglaba el roto de un pantalón o jersey descosido, con remiendos, parches o coderas, sino que se tiraba y se compraba uno nuevo.

Al final, la Generación Z, y más la A, aprendieron a que las cosas y las circunstancias, cuando exigen algún esfuerzo, han de abandonarse y cambiarse por otras. Si alguien, un amigo o una relación afectiva más comprometida, provoca un enfado —como si en una impresora una de sus piezas se desajustara—, o una ruptura temporal —deja de funcionar temporalmente—, o te exige luchar contra un defecto que tienes —hay que sustituir una pieza dañada—, simplemente es más barato, menos costoso, dejar el amigo o la relación afectiva y se renueva, no se arregla, se cambia por otra relación, porque hay mucha oferta y el consumismo es ya una filosofía de vida.

Muchos matrimonios y relaciones de pareja hacen lo mismo, y muchos hijos/as de esta Generación Z y A, harán lo mismo con sus empleos y todo lo demás.

Habría que enseñarles los beneficios reales para ellos, para cada uno/a de una vida en general sostenible, y, por tanto, como parte de su vida, de un consumo que también lo sea. Conviene al planeta bajar el índice de consumo del llamado primer mundo para no contaminarlo, pero aún más conviene al ser humano sostenerse, llevar una vida de hábitos sostenibles en todos sus ámbitos (personal, familiar, social, interior, exterior, profesional, de ocio...) para conservarse y mantenerse con posibilidad de salud emocional, física y evolución feliz.

## ENSEÑARLES A VIVIR COMO HUMANOS SOSTENIBLES

Enseñar a los hijos/as a vivir una vida sostenible es una de las oportunidades que esta Generación Z y A ofrece, y una de las necesidades que tienen si aspiran a ser algún día realmente felices. Ahí radica su importancia, y los padres y madres de hoy podemos ayudarles mucho a conseguirlo.

Enseñar a vivir sosteniblemente es enseñar a los hijos/as a vivir bien. Sin contaminar:

Vida eco

—No contaminar con plásticos, reduciendo al máximo su uso, en muchos casos innecesario.
—Cuidar de los animales como seres que son superiores a toda cosa y planta.
—Cuidar del mundo vegetal.
—Cuidar de los ríos y fuentes.
—Respetar el curso de las aguas, los pozos y las lluvias.
—Ver el tiempo lluvioso como buen tiempo también, como el sol.
—No tirar residuos de ningún tipo que no sirvan de abono u otra utilidad al mundo vegetal y terrestre.
—Apagar las luces innecesarias.

Consumo eco

—Comer más sano.
—Promover la explotación más racional y emocional de la ganadería.
—Promover la menor posible utilización de herbicidas, pesticidas y otros agentes externos no naturales.
—Consumir aceite de oliva sobre otros aceites menos sanos.
—Promover el consumo, en la medida que se sepa, de productos realizados en condiciones dignas para todos los agentes que intervinieron en ellos,

—Interesarse por conocer el modo en que estos se producen para asegurar el punto anterior.
—Consumir menos en los días proyectados por el comercio para que sean de más consumo.
—Hacer una lista de la compra antes de llegar a las tiendas o comercios.
—Necesitar menos cosas.

### Ocio y hábitos eco

—Andar más.
—Ir más en bici, si se dan las circunstancias.
—Ver amanecer una vez al mes al menos.
—Cerrar los capuchones de los bolígrafos u otros instrumentos de escritura que se evaporen.
—Utilizar el menor número de aerosoles posible o ninguno.
—No pisar el césped que no se pueda pisar.
—No dejar huella imborrable al cabo de dos horas en el monte, la playa o en excursiones.
—Beber más agua que refrescos o alcoholes.
—Utilizar más el transporte público si es menos contaminante.

### Relaciones eco:

—Saludar con educación.
—No contaminar conversaciones en el trabajo o el vecindario, no criticar a quienes no están presentes.
—No contaminar las relaciones familiares, aceptar a cada uno y una exactamente como es y como piensa o actúa.
—No llegar a niveles altos de estrés que contaminen nuestra actuación y la hagan estéril.

—Dar a los más necesitados la totalidad de la ropa y los complementos que tenemos, que a menudo es la mitad de lo que tenemos.
—Hacer algo por los demás al mes, sin cobrar por ello.
—Saludar con afecto, educadamente y mirando a los ojos a todos los que nos piden algo, lo que sea.
—Procurar no hablar mal de nadie.
—Escuchar más que hablar, cada día.
—Llegar a los sitios tres minutos antes siempre.
—Dar un beso a quienes se quiere antes de acostarse.
—Visitar a los familiares que están en residencias o solos.
—Invitar a un café o a otra cosa a alguien.
—Proponer con amabilidad y respeto siempre las cosas que sabemos que son ciertas.
—No esperar a ser contestado antes de diez minutos a cada whatsapp o mensaje.
—Conducir con prudencia.
—Explicar lo que sabemos a quien nos pregunta algo, con paciencia y sin pedir agradecimiento.
—Aparcar (en *dieta off*) las redes sociales desde la mitad del sábado al final del domingo, y al menos la mitad de las vacaciones de verano y de Navidad.
—No contaminar con mentiras ni excusas la propia conciencia de uno mismo.
—Dar las gracias por todo lo que hacen con nosotros y nos beneficia, aunque sea poco o no lo hayamos pedido.
—Perdonar más cada vez más rápidamente.

## 25. ¿DÓNDE HACEN SUS CONSULTAS PERSONALES LOS HIJOS/AS DE HOY?

En el año 2000, los entonces adolescentes de España (Generación Y, para los que internet no era aún un compañero siamés en su vida cotidiana), con edades entre los 11 y los 27, objeto de aquel estudio nacional realizado por la Fundación Santa María, respondieron que lo más importante de la vida se aprendía en la familia, de los padres y madres sobre todo, y tras la familia, de los amigos. A ellos, a la familia y a los amigos, hacían aquellos las consultas más personales.

En 2018, la Generación Z demuestra que ha cambiado su criterio y experiencia. Internet los acompaña al baño, a dormir, a estudiar, a trabajar o a jugar: a vivir. Quizá por eso su respuesta es coherente a esta omnipresencia de la red de redes.

Los hijos y las hijas de hoy, cuando tienen una duda personal la consultan en su mayoría a internet antes que a sus seres queridos o a los que le quieren más.

Consultas personales:
Redes sociales: 16%
Familia y amigos: 22,7%
Webs: 23,6%

A veces estas webs son expertas y acertadas, otras no. Esto se une al hecho de que la Generación Z considera que las costumbres de sus padres/madres ya no son válidas en un mundo tan cambiante con respecto al que ellos vivieron y a otro hecho clave: para ellos/as cualquier opinión vale. La combinación de todo ello les hace desconfiar de la respuesta de sus padres, madres y educadores, considerándolos bienintencionados, pero creyendo que sus consejos no serán aplicables ni válidos en un mundo que sigue otras reglas que sus padres y madres no conocen, y de las que ni siquiera hablan con ellos.

## Desconfían de las costumbres

Los jóvenes de todos los tiempos siempre tendían a creer, quizá por instinto generacional, que debían establecer formas nuevas en sus formas de ver las cosas: su ocio, su cultura. Esto es lógico, es la forma de justificar también su propia existencia. El mundo no puede seguir siendo exactamente igual en cada generación, porque sería como reconocer que no pasaría exactamente nada si la generación nueva no hubiera llegado a existir.

Hasta ahí, la actual generación también sigue una tendencia natural en la especie humana. Sin embargo, el cambio hoy es que esta ruptura con lo anterior se extiende a los niños y niñas, ya no solo jóvenes; y que como son conscientes de que el cambio ha sido radical con respecto a la generación de sus abuelos, se creen que están obligados a tener que cambiar también radicalmente todo. Las costumbres de sus abuelos ya no sirven. Se han convencido de que todo es nuevo y no saben que solo es nueva la cáscara humana y la esencia de cada ser humano es la misma: una esencia humana innata e inevitable, que le hace ser humano y que resulta inédito en la torpeza humana, creer que el cambio tecnológico es en realidad más sustancial de lo que es y que por eso no vale lo aprendido durante los últimos trescientos siglos.

La tradición humana tiene un valor tan profundo en la humanidad entera que despreciarla es despreciar la misma humanidad y despreciarse en lo que de humano tiene cada integrante de la Generación Z y A.

Distinto es encontrar formas nuevas, creativas, de mantener lo esencial aprendido para el ser humano, combinado con lo que ha de aprenderse aún. El progreso no pasa por la destrucción del pasado, sino por su asimilación y aprovechamiento como aprendizaje de todo lo vivido en lo que esto tiene de útil, porque si el ser humano sigue siendo humano, sus inquietudes se repiten, los errores también y la forma de solucionar muchos de sus problemas.

Una cultura nueva, si es sabia, no aniquila la anterior.

No obstante, en la cultura actual, digital y alimentada por la Generación Z y A —por los hijos e hijas mayoritarios de hoy—, verdaderamente novedosa en todas sus formas, se ha extendido el hábito de desoír la tradición de sus padres y sus abuelos y de la historia humana. Como antes de surgir ellos/as no había comenzado la era de internet, creen que el lenguaje digital no sirve para seguir comunicando los mismos mensajes humanos de siempre. Y están desperdiciando así un tesoro de costumbres, al desecharlas simplemente por ser heredadas de la era predigital.

Todo lo nuevo es bueno, se decía ya en el siglo VI antes de Cristo. Nada de lo antiguo vale ahora parece creer la mayoría.

Este es el rasgo que, como dijimos, define a la Generación Z: ser irreverente. Irreverentes con sus padres, madres, educadores, policías, autoridades, política, semáforos en rojo, señales de tráfico, horarios... Irreverentes, pero con el pasado, con las costumbres tradicionales. Parece que nada les sirve de lo convencional. Como si lo convencional y reglado fuera contra el talento y la oportunidad de libertad o felicidad. Pero la realidad no confirma su felicidad ni su libertad.

## La opinión de cualquiera vale más

Para muchos de los integrantes de la Generación Z y A, digital, el primer acceso a la información les llegó a través de la Wikipedia, en la que cualquiera podía escribir sus contenidos. Una enciclopedia popular, no de expertos. Muy Z, pero poco fiable. El resultado ha sido que información y opinión se haya confundido y no es fácil distinguir ya.

Hace unos años mis alumnos de 2º de ESO quisieron hacer un trabajo sobre la vida del autor del cuento de la lechera y otros, don Juan Manuel, y los animé a que se dispusieran a hacer el mejor trabajo de su vida escolar hasta entonces. Trabajamos en equipos cooperativamente durante algunas semanas con ejemplar actitud y el resultado fue que todos, el cien por cien, cometieron el gravísimo error de confundirse en algo tan básico como dónde había muerto. Wikipedia les había engañado y traicionado. Tenía (al menos en 2020) publicado en su página sobre el autor del Conde Lucanor, que había muerto en Córdoba, y es falso: nunca bajó a Córdoba desde su Castilla vital. Algunos consultaron *escritores.org* y también decía lo mismo, copiado de Wikipedia seguramente. El resultado fue nefasto. Dos generaciones antes hubiéramos tenido que recurrir a una enciclopedia en papel físico, no había digitales, y entonces en cualquier enciclopedia (Larousse, Salvat, Espasa, Ger...) nunca nos hubieran traicionado de aquella forma, como hicieron con mis desarmados alumno, que trabajaron tres semanas sobre la hipótesis de la muerte cordobesa de don Juan Manuel.

Por su parte, a mis alumnos de 2º Curso del Grado de Primaria (los que serán en dos cursos docentes de Educación Primaria), les encargué un trabajo sobre algo tan fácil hoy de encontrar como el listado de las razones actuales del fracaso escolar en Primaria. Los que se fueron a Google para investigarlo erraron el cien por cien, los que acudieron a Google Académico o a libros en bibliotecas públicas —solo un dos por ciento de la clase— fueron los que acertaron.

«*¿Quién escribió La Cenicienta?*», pregunté en 1º del Grado de Educación Infantil en la Universidad. «*¿Perrault o Andersen?*». Miraron en la página de Perrault y unos dijeron en voz ata: «*¡Perrault!*». Entonces otros, que habían buscado en la de Andersen, gritaron: «*¡Andersen!*». «*¿Cuál de los dos entonces?*», repreguntó un alumno desorientado.

Tanto los de 2º de ESO como los de 2º Curso de Universidad

cuando comprobaron el error dijeron lo mismo: «*¿Cómo podemos descubrir si lo que encontramos en internet es verdad o no?*».

No es fácil. Solo el olfato de quienes fuimos educados en otra generación puede detectarlo.

Si toda opinión se considera tan válida como la información más contrastada, si no se admite que hay expertos, sino que cualquier opinión es igualmente válida, la de blogueros y *opinadores* que la de investigadores rigurosos, es muy difícil saber que alguien te engaña.

Pero si a eso le añadimos que la opinión de un *youtuber* sobre la vida es más valiosa, porque es digital, que la de sus padres/madres, porque no lo es, entonces la confusión es inevitable, y darse cuenta de que quizá se esté en un error, francamente difícil. El espíritu crítico carece de fiabilidad si todo vale igual o más si es de un líder no convencional. No hay forma de detectar errores si no hay una realidad y autorías más rigurosas y fiables que otras, más allá de la celebridad, con las que poder contrastar las muchas opiniones divergentes:

—*Es verdad porque lo he visto en un tutorial.*

—*Pero el Rubius dice lo contrario* —le dije, como experimento, sin saber de verdad lo que El Rubius decía al respecto, ni siquiera si había dicho alguna vez algo.

—*¿Entonces es mentira el tutorial?*

Sentí que se me movía a mí también el suelo bajo los pies, como a él.

### Los *fakenews* que triunfan

Las noticias falsas se comparten y se difunden, algunas porque se piensa que son ciertas, otras se difunden pese a dudarse de su veracidad, y otras porque, aun sabiendo que son falsas, ayudan a difundir una idea con la que se está de acuerdo. Y como el fin justifica los medios según esta generación, heredado de al menos dos generaciones atrás, el caso es que todo vale, es divertido o útil y la veracidad o falsedad es secundaria. Una falsa noticia (*fakenews*) consigue el mismo efecto que una verdadera, pero de una forma más fácil, y llega a lograr lo imposible cuando la noticia real jamás se produciría en verdad.

La cura solo está en aprender que un acto que hace bien a uno mismo y a los demás (emisor y receptores) exige fines igualmente beneficiosos y medios que también lo sean:

— Un fin que hace bien con medios dañinos es un acto que hace mucho daño a quien lo emite y lo recibe.
— Un acto con medios beneficiosos y fin perjudicial es un acto que daña a todos.
— Solo cabe por tanto fines y medios que beneficien a quien lo hace y lo soporta, para que sean beneficiosos de verdad.

Las *fakenews* hacen daño a muchos más de los que uno imagina cuando se le da a «Compartir». Si se duda, lo mejor será no compartir y solo hacerlo si estamos absolutamente seguros de su veracidad, no de que sea probable que la tenga.

### Pero pesa más 9 meses que su generación

La Generación Z y la A están marcadas por una irreverencia que le influye en todo lo que hacen y le inclinan a dudar de las costumbres y principios de los padres y las madres. Esto es cierto. Como lo es también que, pese a ello, los nueve meses de embarazo, sin pantallas, tecnología directa ni influencia generacional, pesa más que la generación. Especialmente pesa más el cariño, las caricias, los cuidados y el amor recibido, de una manera más decisiva, en los 9+12 meses primeros; es decir, el primer año desde su nacimiento. Este año de su vida marca afectivamente más de lo que imaginamos, y por eso, pese a lo que su generación les dicte, el peso del amor familiar es mayor y las costumbres, principios y tradición familiar, el tesoro de todo lo aprendido en la familia, desde los bisabuelos, tiene un peso especial, mayor, en los niños/as que han crecido conscientes de su valía (autoestima) y de lo muy queridos que han sido siempre, pese a sus resultados. Tras el primer año, la segunda etapa esencial para no sufrir nadando contracorriente iría desde los 3 años hasta los 7. A partir de ahí, parece que lo educado se pierde y las formas pueden con el fondo, pero no es así, solo es que se acerca la adolescencia.

Un hijo/a siente que no necesita preguntar para saber que en la vida de su padre y su madre encuentra la respuesta a sus más importantes preguntas, sin más explicaciones.

# 26. EL ESCAPE DE SUS AURICULARES Y LAS REFLEXIONES DEL GIMNASIO

«*Si no escuchara música me agobiaría aquí esperando*», dijo Sonia cuando le pregunté sobre los beneficios de los auriculares, cuando una mañana coincidimos en la parada de autobús de la puerta de la universidad donde le doy clase.

Esta respuesta, podemos relacionarla con la de Mario, un chico de 20 años, estudiante de Derecho: «*Necesito ir al gimnasio. Yo allí pienso, me evado, pero también me aclaro. Lo necesito. Si un día no voy, ese día lo noto y ya no estoy bien el resto del día*».

El silencio es una necesidad del ser humano que precisa de aquel depósito íntimo del que hablamos y representamos como tres depósitos comunicantes al hablar de la necesidad de no ser sobreprotegido, en el capítulo 15:

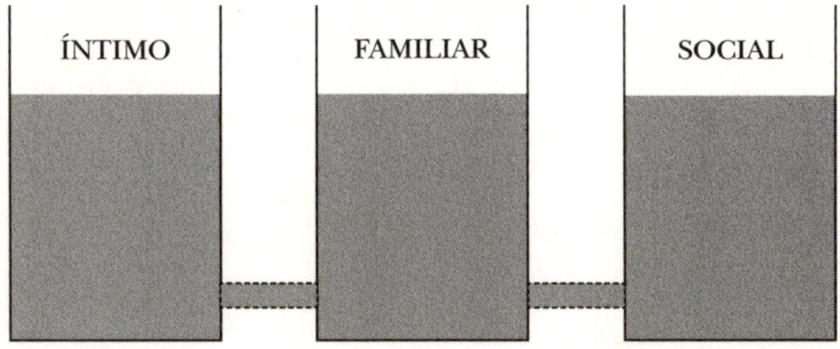


El ser humano necesita llenar el depósito de su intimidad. El silencio le ayuda primero a ver cómo está en realidad el nivel —su vaciado o llenado— y, en segundo lugar, a rellenarlo; en consecuencia —por la comunicación con el resto—, a llenar el depósito de su relación familiar y social también.

Mirarse en un espejo compromete: la vanidad o los complejos se visualizan con el reflejo de lo que nuestros sentidos ven al mirarnos. El silencio actúa aún más fielmente que un gran espejo respecto a lo que el ser humano es, cómo está y cómo se siente. El silencio nos presenta ante cada uno y cada una, diferente al que ven muchos, y actúa conservando lo que consideramos que más agrada y escondiendo lo que creemos que menos nos ayuda a ser reconocidos y apreciados.

No es casualidad que el ser humano tenga un yo íntimo, desconocido incluso del todo para uno/una misma, protegido por un cuerpo que le permite seguridad y tiempo para ser prudente y no caer en manos de quien no le cuidaría ni le haría bien.

Pero llegar a conocer con madurez cada vez mejor ese yo desconocido es vital para el ser humano, necesario para mejorar, para disfrutar con lo que se es realmente, para ser feliz y reconocido. Facilitar ese descubrimiento es lo que hace el silencio.

Los auriculares anestesian el estrés que genera verse por vez primera en ese espejo del silencio. El silencio no hace conocer cómo se es en realidad de una forma directa, pero sí permite que se pueda ver y escuchar lo que va bien, lo que va mal, lo que debe mejorarse y sobre todo cómo hacerlo. Sin silencio que permita la profunda e íntima reflexión, no se da con las soluciones que tanto se anhelan a toda edad.

—*¿Qué haces mirando por la ventana?* —le pregunté a un hijo mío de 17 años.

—*Aquí, reflexionando sobre la vida.*

—*¿Y qué conclusión sacas?*

—*Que está bastante bien.*

—*Pues sigue reflexionando y sabrás cómo arreglar lo que falte para que esté del todo bien.*

—*En eso estaba.*

Entonces sentí que haber interrumpido su silencio mirando por la terraza de casa había hecho interrumpir su proceso en encontrar una solución.

Cuando uno se mira y se ve a menudo —diaria o semanalmente al menos—, el estrés desaparece, porque mirarse ayuda a aceptarse, reconocerse, pedir la ayuda necesaria y no engañarse. Mirarse y verse agobia, como a Sonia, solo si no se está habituado a mirar. Los auriculares entonces son el instrumento para intentar no mirar dentro o no mirar lo que está pasando alrededor. Y ninguna de las dos realidades pueden perderse, porque la verdad, la aceptación y el reconocimiento acertado propio y de lo que nos rodea nos permite a cada uno/a ser más reconocido/a y apreciado/a, más querido/a. La felicidad entonces ha iniciado su ciclo vital y creciente.

Los gimnasios pueden producir el mismo efecto, pueden producir reflexionar entre flexión y flexión (*reflexión*). Pero ha de optarse por dos actitudes:

— Ponerse auriculares para distraerse o sentir, pero no pensar en cómo van las cosas ni cómo resolver lo pendiente.
— Ponerse auriculares o no, pero concentrarse en reflexionar sobre lo pendiente y eso a lo que no suele dedicarse tiempo cuando uno va estresado haciendo con urgencia muchas cosas.

Aprovechar la vida y los movimientos que esta exige cada día es vivir más, vivir mejor, evitar el estrés y capacitarse para la felicidad. Aprovechando una parada de autobús o una sesión de gimnasio, con o sin auriculares, pensando y madurando, viendo y mirando lo que verdaderamente merece la pena descubrir.

# LO QUE SOLO TÚ PUEDES DARLE

# 27. EL DEBATE CON LOS HIJOS/AS: NO COMBATE

Para rebajar nuestro estrés de padres o madres y el de nuestros hijos/as, en el diálogo continuo que genera la convivencia con un niño/a primero y un adolescente después conviene tener en cuenta dos aspectos que siempre se dan:

- —Los padres/madres transmitimos más con lo que hacemos y callamos que con lo que decimos.
- —El diálogo ideal entre un padre/madre y su hijo/a se da con el adulto callado y el adolescente o niño/a hablando y quedando bien.

Si no estamos de acuerdo con la opinión o postura de un hijo/a a menudo el silencio es mucho más convincente, inapelable, que cuanto podamos decirle. Un padre o madre ha de atender a su hijo/a cuando defiende su postura, que por lógica —para sentir su propia identidad y sentido de existencia— tiende a ser la contraria que la mantenida por el padre o madre, naturalmente.

Que un hijo/a disienta es lo normal y bueno; a veces es porque piensa de forma distinta, pero quizás nos sorprenda saber que la mayoría de las veces disiente porque piensa lo mismo que su padre o madre en realidad, pero no quiere parecer inmaduro, y también a veces porque siente que podría pensar distinto y necesita saber qué ocurriría si así fuese; o una opción más: porque el hijo/a piensa que alguno del grupo al que pertenece en sus relaciones sociales cree que va a opinar así y se ve necesitado de saber la respuesta de los padres ante la disensión, para saber qué tendrá que argumentar él a ese compañero de grupo, cuando opine lo que prevé.

Sea por una u otra razón —casi imposible de saber— debe atenderse al hijo/a que disiente con atención real, intentando sentir sus emociones. Las palabras en un receptor a la defensiva, contaminado con el afecto que se tiene y con el desafecto generacional, quita eficacia a lo que se dice y potencia lo que se hace: cómo se le mira, paciente y cariñosamente, dejándole tener su propia opinión, respetándola sea o no experimentada, razonada, sentida o madura, haciéndole quedar bien al mantenerla.

Escuchar a un hijo/a es más importante para el diálogo con él que hablarle, y mucho más que decirle cómo ha de pensar.

Tenemos que asegurar que el hijo/a siente que está siendo escuchado cuando disiente o no, y que hablar con un padre/madre no tiene riesgo; siempre se queda bien y da oportunidad a soluciones, por grave que sea lo que se dice.

Los padres y madres no son iguales a sus hijos/as, son más maduros. Por ello padres y madres no necesitan quedar por encima del hijo/a, sino que han de procurar que su hijo/a sea el que madure, y para ello conviene que quede bien y ligeramente por encima de sus padres en la conversación, aunque no se le dé la razón si no la lleva; bastará en tal caso decir algo así como: «Quizás sea así, hijo/a. Yo lo veo distinto, pero me gusta que tengas tu propia opinión, quizás sea la acertada, no sé».

## 28. MÁS HEMISFERIO DERECHO, QUE HACE FALTA... Y MÁS CUERPO CALLOSO

Los hijos nacidos después de 1984 se apoyan más en su hemisferio cerebral derecho que la mayoría de los nacidos antes de ese año. ¿Esto qué consecuencias tiene?

Muchas, inadvertidas a menudo, que son la causa de numerosas incomprensiones y desajustes familiares..., y de estrés personal particularmente para cada uno de los que conviven en una casa, estrés familiar en su conjunto.

Los hijos/as nacidos desde 1984 por eso son:

— *Más emocionales:* Para conectar con ellos, al escucharlos no hay que pensar en sus mismas ideas primero, sino que en primer lugar es preciso intentar sentir sus mismas sensaciones en el relato que hacen, luego intentar reproducir sus mismas emociones y en último lugar las ideas de su narración.

— *Más intuitivos,* pese a su inexperiencia: En pequeños gestos sacan conclusiones aun antes de tener todos los datos. Su intuición es una cualidad muy humana y necesaria, que, si emplea aún sin experiencia, puede llevarlos a errores. Pero, en general, es una potencia humana que les hace ser más precavidos, prudentes, ágiles, rápidos, acertar... A cambio hay que saber que van a posicionarse antes de analizar del todo sus opciones. La intuición unida a su impulsividad, también generacional, les provoca precipitarse a menudo. Algo que conviene tolerar con amabilidad: corregir si es necesario, pero tolerar.

— *Más imaginativos*: Tienen por regla general mayor capacidad que padres y madres para pensar en posibilidades en lo que hacen, perciben, sienten y viven. Les hace estar en lugares muy lejanos cuando esperamos que estén en el mismo punto que el resto, también en lo que viven, sienten, piensan, recuerdan, perciben y hacen.

— *Con mayor tendencia a la síntesis*: Tienden a reducir todo a una conclusión y norma general. Lo que, sumado a la impulsividad de nuevo, rapidez, inmediatez y al estrés, les hace a veces simplificar en exceso lo que no entienden bien o es muy complejo.

— *Más creativos*: No se someten fácilmente a los modos establecidos. Han aprendido en la cultura en la que han nacido que hacer las cosas de forma distinta a la común es mejorarlas. No siempre es así, pero así se lo han dicho y no lo cuestionan. Han de aprender que su creatividad a veces es eficaz y a veces no. Pero en ella hemos de confiar para mejorar lo mucho que se ha de cambiar.

Este hemisferio derecho (emocional, el que cocina la síntesis, la intuición, la imaginación, la creatividad y también los ideales mayores y las ansias de mejora) es en verdad el más humano. Al que menos sustituirá la inteligencia artificial. Por tanto, facilitar su desarrollo es bueno, necesario, utilísimo y estimable. Todo lo que se pueda potenciar les será de utilidad y supervivencia en los más variados escenarios donde tendrá que actuar y en los más tormentosos mares donde se verá avanzando.

Pero lo más importante, más aún que este hemisferio derecho y su hemisferio complementario —el izquierdo: lógico, el del razonamiento, las secuencias, el orden, por tanto, la concentración, la atención y el análisis…— es en verdad el cuerpo que los une a ambos —el *cuerpo calloso*—, que nos hace verdaderamente humanos completos. Este es el que más ha de potenciarse: es decir, la unión de todo lo que siente y piensa. Para lograr ser lógicos y emocionales, analizadores y sintetizadores, creativos conservando lo mejor que nos ha llegado de la tradición humana, imaginativos, optimistas y realistas al tiempo, con gran capacidad de atención al tiempo que con gran capacidad de distracción, tan necesaria cuando la situación lo exige para sobrevivir sin caer en la derrota, la depresión o el abandono.

En el libro *Nuestra mente maravillosa* (Temas de Hoy), que obtuvo el Premio de Hoy en 2013, aconsejé en un anexo final algunos ejercicios que potencian esta necesaria conexión, que tanta riqueza y color dan a cualquier mente humana y la hace más capaz, coherente, eficaz y humana en realidad.

# 29. ENSEÑANZAS DE UN PADRE Y UNA MADRE IRREMPLAZABLES: LOS PADRES/MADRES QUE NECESITAN LOS HIJOS/AS DE HOY

Un buen padre y una buena madre son un tesoro para cualquier hijo/a. Una gran ventaja para convertirse en lo que desea. Pero ser buen padre y madre exige serlo al modo en que los hijos/as de hoy necesitan y están preparados para percibir.

Educarles bien consiste en enseñarles lo que más necesitan para defenderse y ser felices. Hacerlo exige —como en el caso del cariño, en que no solo se precisa quererlos, sino que se sienten queridos al mismo tiempo— que al educarles se sientan exigidos al tiempo que sientan que lo que se le exige les servirá para ser felices en parte ya y algún día aún más.

Por tanto, para educar bien hay que tener en cuenta la percepción de quien es educado. A este respecto, los padres y madres de hoy deberán recordar que:

- —Entienden mejor el lenguaje no verbal (la forma como se les dice las cosas) que el contenido que se les dice en realidad, por lo que hay que acompañar el contenido con una adecuada forma y puesta en escena. Si algo es muy importante o grave: con mayor serenidad y palabras suaves, sin enfado, sino solo seriamente.
- —Sus relaciones con los compañeros y amigos son más digitales que presenciales.
- —Necesitan que se conecte más con ellos, personalmente. Recuérdese a este respecto lo dicho anteriormente

sobre la necesidad de conectar primero sensaciones, emociones y después ideas.

— Tener en cuenta que la nueva adolescencia comienza por motivos afectivos y sociales antes que biológicos, como era tradicional hasta ahora; de modo que a los 9 años se es adolescente ya y pasa por muchas fases diferentes, siendo normal que no acabe hoy hasta los 35 o 40 años.
— Se apoyan en el ejemplo de los abuelos y abuelas, para entender mucho de lo que pasa en sus familias y relaciones de cada componente de la familia con los demás.
— Tienen poca seguridad en sí mismos y la disimulan con terquedad.
— Tienen baja autoestima, se sienten muy queridos, pero poco valorados, porque creen que son poco valiosos. Piensan que si sus padres y madres le dicen que hacen cosas bien es porque sus padres/madres son buenas, no porque ellos/as lo sean en realidad.

Por todo ello, merece la pena centrarse en provocarles 9 experiencias, 9 joyas preciosas que podemos dejar en herencia:

— Sentirse tan valorados como queridos. Para ello, no solo decirles lo bueno que tienen o lo bien que hacen algo, sino lo valiosos que demuestran ser al hacer algo bien. Hay que decirles qué hay detrás de compartir algo, por ejemplo: generosidad, cariño, aceptación, bondad, paciencia... Explicarles que la familia es mejor y está mejor (pese a todo conflicto) gracias a ellos.
— *Sentir algunas ocasiones concretas en las que han hecho felices a su familia.* Que son por tanto capaces de mejorar su familia y de mejorar la humanidad entera, porque son seres humanos —parte indiscutible de la humanidad—, irrepetibles, con un potencial de mejora estimulante.
— *Sentir que son capaces de superar sus obstáculos,* con el apoyo, estímulo, motivación, orientación si la preci-

san, de su familia y otros, pero que son capaces ellos/as mismas.

— *Sentir que se es capaz de convivir* (al menos temporalmente) *con problemas e imperfecciones,* después de intentar superarlas y no lograrlo. Que de ellos depende la actitud y no la solución de todos los problemas. Saber que son solo una parte del mundo, y que Dios hará lo que falte si sienten que lo necesitan y les conviene realmente.

— *Sentir que en algún momento concreto han actuado con madurez,* o con inteligencia, con bondad, con responsabilidad o con heroicidad.

— *Saber que sus imperfecciones o errores son menos importantes que sus virtudes y aciertos.* Lo bueno pesa más y deja mayor huella.

— *Sentir que aman* más a alguien, mucho más que a ellos/as mismas. Y sentir que ese alguien lo sabe.

— *Sentir que son amados* por alguien que a su vez se ama a sí mismo menos que a él o ella. Por ejemplo, su madre o su padre, una tía, un hermano...

— *Saber que pueden mejorar* y saber qué primer paso podrían dar para hacerlo.

Un padre y una madre que logre esto será simplemente irremplazable, dará a su hijo/a lo que nadie es capaz de dar mejor que él o ella, y lo que más necesita hoy: un buen padre, inmejorable, y una inmejorable madre; pese a cualquier defecto.

## 30. CONFÍA EN SU INTELIGENCIA Y SU BONDAD CUANDO TE TRAICIONE

Baja los niveles de estrés y facilita la mejora —al tiempo que genera paciencia— tener en cuenta que cuando un hijo/a traiciona la confianza que se le da, esta traición es una consecuencia lógica de la inmadurez normal que tiene todo hijo/a por el mero hecho de serlo, y que ante la traición lo mejor que se puede hacer es seguir confiando.

A la madurez de todo hijo/a ayuda la experiencia de un padre y madre que siguen confiando en él o ella, pese a los desaciertos y las traiciones. Unas traiciones que tienen diversas causas, a menudo menos profundas de lo que suelen parecer. Durante mucho tiempo da la impresión de que se está arando en el mar, pero en realidad es sobre una tierra muy fértil, aunque una tierra que no muestra lo sembrado hasta que de pronto, cuando se dan todas las circunstancias, también más edad, da el fruto que esperábamos, mejorando nuestra expectativa casi siempre.

Muchos padres y madres pueden pensar —justificadamente— que están dando grandes oportunidades, incluso inmerecidas, sin recibir el cambio justo ni mejoría por parte de sus hijos/as. Y es verdad. Ser padre y madre siempre conllevó una multitud de ocasiones de ingratitud. La satisfacción vendrá después. En educación el resultado se ve mucho más tarde, pasados los 35 años. Aunque se intuyen mucho antes para animarnos. Si se educa para la felicidad, el fin es tan importante que no hay por qué tener prisa. La dicha llegará. El efecto humano que ocurre es que confiar en que merecerán algún día la confianza que se les da gratuitamente es lo que provoca la madurez que hace algún día —no hoy— merecer la confianza que se le ha dado. Porque es precisamente saber que se confía en él o ella lo que estimula el cambio y le hace cambiar, mejorar, para estar a la altura cuando siente que lleva demasiado tiempo traicionándola, sin merecerlo su padre y su madre.

Por eso, lo peor es manifestar desesperación tras la confianza traicionada. Si así lo experimenta el hijo/a, aprende que en realidad no es merecedor de la confianza, y que ya ha perdido la posibilidad de seguir contando con esa confianza y por tanto con la posibilidad de madurez y satisfacción si su mejora se lleva a efecto.

Saber que un padre o una madre está decepcionado bloquea la acción que acabaría en mejora. Si un hijo/a cree que su padre o madre sigue confiando en que la siguiente vez no serán traicionados, tiende a dar el paso de merecer la confianza recibida. Por el contrario, creer que ya no confían en que lo hará la próxima vez bien les hace sentir que no merece ni siquiera iniciar el esfuerzo que toda mejora exige. Se justifica además en esa desconfianza y el hecho es que no cambia.

Parece injusto, pero el impulso que verdaderamente mueve la mejor educación no es tanto la justicia de un padre o una madre como la confianza puesta por parte de estos en que el hijo/a es lo suficientemente inteligente y bueno/a como para que algún día logre la mejora que se le indica con paciencia, y que aún no da.

## 31. LO SANO ES NO ADAPTARSE A UN SISTEMA ENFERMO: DEJA QUE REINVENTE PARTE DEL MUNDO QUE NO NOS GUSTA

Confía en su capacidad transformadora de la sociedad y el mundo entero, empezando por cambiar lo que tiene cerca y discutir con nosotros.

Un gran error sería creer que un hijo/a no es capaz de generar un cambio mundial. El mundo cambia con pasos provocados por hijos e hijas siempre, que no se preveían cuando eran pequeños/as.

Todos sabemos que en este mundo actual hay muchas cosas que no están bien y muchas más que no nos gustan. Otras sí, la mayoría, por supuesto. Ser realistas es ser optimistas; lo contrario es que faltan datos. Pero hay muchas cosas, aunque sean minoría, que es preciso cambiar, y alguien tendrá que hacerlo. Un hijo o hija está en mejores condiciones de lograrlo que un padre o una madre. Es más, los padres/las madres tenemos más posibilidades de hacerlo a través de nuestros hijos/as, porque la sociedad se transforma con la actuación de quien tiene poco que perder al intentar un cambio. Menos que perder cuando el cambio sea más novedoso o necesario.

Los adultos entrados en años pueden igualmente transformar la sociedad entera, mundial, cambiando su sociedad primero, pero su miedo al cambio es lógicamente mayor, porque más arriesga quien tiene más experiencia acumulada y más conquistas logradas. Los hijos e hijas desean un mundo por hacer y se disponen por ello a hacerlo, y en esa inconsciencia, en esa inexperiencia, logran el estímulo necesario, alimentado por su desconocimiento de los límites. Muchos de los límites se desvanecen porque realmente estaban en el temor más que en la realidad. Los adultos creen en más límites que los jóvenes, y los niños en muchos menos que los jóvenes.

Los adultos de espíritu joven y oxigenado tienden por ello a no temer posibles límites, aunque estos pudieran existir, se enfrentan a ellos con confianza y esperando que sean menores de lo que esperan o al final no existan.

Desaprovechar esa potencia de cambio y mejora de los hijos/as es condenar la humanidad entera a perderse lo que puede hacerla mejor. Los hijos y las hijas de hoy son los mejores agentes de un cambio y mejora de futuro. Cada hijo y cada hija está llamado a completar y perfeccionar el mundo con el que se encuentra. Parte de su felicidad les va en ello.

Este mundo no es feliz, lo dicen las encuestas: así se definen la mayoría de los adultos de la OCDE (34 países del mundo) y la mayoría de los adolescentes de los mismos países, según declaran. Cualquier cambio de lo que va mal por tanto conlleva muy poco riesgo. A menudo pasa que en el peor de los casos se seguiría siendo infeliz y en el mejor de los casos —más probable— el cambio posibilita la mejora: el premio es el progreso y la difusión de la felicidad. Merece la pena arriesgar y dejar que arriesguen nuestros hijos/as.

# 32. APRENDER A DISFRUTAR DEL PENSAMIENTO CRÍTICO Y DIVERGENTE DE UN HIJO/A

Lo que en la vida es mejorable siempre puede verse de forma distinta y lo que ya está bien admite una nueva forma de mantenerse bien.

Por ello y porque es lo más humano (recordemos: ser persona es ser racional y emocional, con libertad, razón, inteligencia humana, voluntad...), debería ser la escuela quien potenciara el pensamiento crítico y el pensamiento divergente (distinto, paralelo) de todo alumno/a, pero no es así. De modo que queda a los padres y las madres actuales potenciar este pensamiento más en casa para compensar esta carencia escolar.

Pongamos algunos ejemplos de aciertos divergentes en la escuela, castigados a menudo con mala nota, cuando son aciertos rotundos, injustamente no reconocidos.

## Primer ejemplo

*—Papá, ¡qué mal se me dan las Matemáticas!*

*—¿Por qué?, hija.*

*—Porque la profesora me ha preguntado cuánto es 5 y 7 y yo le he dicho que 57 y me ha dicho que no, que son 12. Y entre 57 y 12 hay tanto...*

*—No se te dan mal las Matemáticas, sino mucho mejor que a la profesora, que no sabía que es posible que sean 12, pero sin duda son*

*57, porque «y» siempre significa «junto a» y puede, solo puede en ocasiones, significar también «suma». Acertaste con 57, ¡bien visto!*

*—Tu hija, Fernando, ha fallado en la tarea por distraerse, supongo que no tendrá problemas de atención, pero de vez en cuando comete errores por no fijarse. Por ejemplo, aquí, le pedía el enunciado: «Escribe el siguiente número en cifras: cuatrocientos tres.» Y tu hija hizo lo más difícil y se equivocó al final por no fijarse y tuve que ponerle un «Mal» que hubiera sido por muy poco un «Bien».*

En el ejercicio, mi hija había escrito con números: «404». Y al llegar ante mi hija le pregunté, seguro de que tendría una respuesta:

*—¿Por qué pusiste 404, en lugar de 403 como esperaba la profesora?*

*—Pues porque el enunciado pedía el siguiente número.*

Pero se quedó con el «Mal». Su divergencia quedó mucho tiempo entre nosotros.

### Segundo ejemplo

¿Cuánto tarda un motorista en ir de Córdoba a Madrid, si hay 400 km de distancia y el motorista va a 72 km/h?

En ese caso mi hijo lo dejó en blanco y sacó tres puntos menos en el examen, se le daba bien las Matemáticas y le hubiera gustado el Sobresaliente que se escapó por dejar sin contestar este problema.

*—¿Por qué no contestaste?*

*—Porque no se podía hacer. Faltaban datos.*

*—Si dice el profesor que lo habíais hecho muchas veces en clase.*

*—Pero no como este. Porque este no se podía.*

Entonces hice la pregunta clave que no falla y abre toda puerta de lo que no se entiende a la primera:

*—¿Por qué?*

*—Pues porque no dice cuántas veces se para ni cuánto tiempo, y entonces no se puede calcular. Porque cuando nosotros vamos en*

*coche a veces nos paramos y nosotros vamos a 120 km/h y, por eso, uno que vaya en moto a solo 72 km/h, tendrá que pararse, y si no se sabe cuántas veces se para ni cuánto tarda cada vez que se para, no se puede restar.*

Demostró estar perfectamente preparado para resolver el problema si hubiera sido un problema real, de adulto. Porque los matemáticos de verdad deben tener en cuenta todos los posibles aspectos que varíen el resultado, como mi hijo. Aunque se le escapó el Sobresaliente escolar; pero no el familiar, claro. Hoy sigue huyendo de las Matemáticas y por eso hará Psicología.

Alguien podría pensar: «Bueno, es que se sobreentiende». No, los hechos lo demuestran. Hubiera bastado que hubiera dicho el enunciado a 72 km/h sin pararse» y entonces mi hijo —o cualquier otro— hubiera pensado: «Qué extraño este motorista y qué paciente», pero hubiera sabido que no faltaban datos. Lo mismo que a mi hija cuando le preguntaron cuánto son 5 y 7, en lo que hubiera bastado si se quería una suma que hubiera preguntado el enunciado: «¿Cuánto suman 5 y 7?».

### Tercer ejemplo

En una cesta hay 8 caracoles, salen 4, ¿cuántos quedan? Y entonces mi hija contestó:

*—8.*

*—¿Por qué?*

*—Porque salen 4 (de su casa, caparazón, pensaba), pero se quedan todos en la cesta.*

Aquí hubiera bastado que el enunciado hubiese especificado: «Salen 4 de la cesta».

## Cuarto ejemplo

Dibuja la facilidad, la bondad, la verdad y la velocidad:

*Facilidad:*

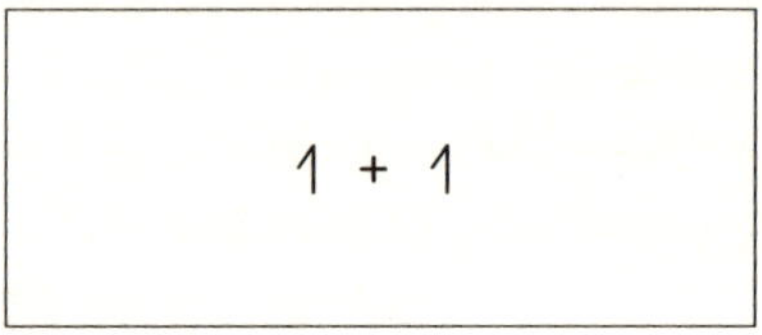


*Verdad:*

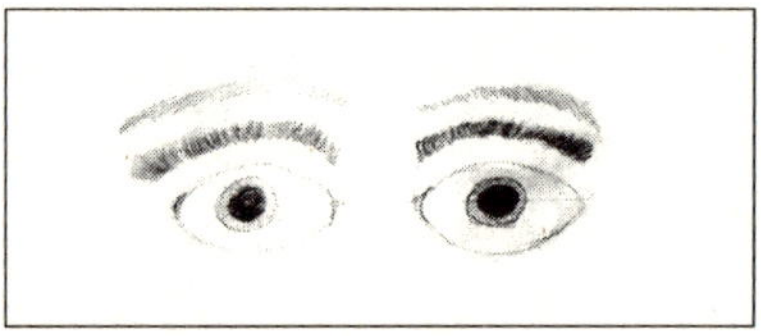

Decía que era alguien con los ojos abiertos y sorprendidos por la verdad.

*Velocidad*:

Decía que era un hombre que había pasado tan rápido que solo se le veía el pie al terminar de pasar casi sin ser visto.

## Quinto ejemplo

¿Cuáles fueron las consecuencias de la II Guerra Mundial?

—*El sufrimiento de muchas madres y novias, y el odio que aún pervive entre algunos países e ideologías. Junto al temor de que algo parecido pueda volver a ocurrir y la aceptación por ello de la declaración de los Derechos Humanos, y otras leyes y el diálogo diplomático como remedio para evitar otra barbarie.*

Este alumno sacó un 0 en esta respuesta, pero acertaba.

## Sexto ejemplo

«Lee y resuelve: *En la caja había 10 caracoles, ahora solo quedan 2. ¿Cuántos caracoles faltan? Solución:*»

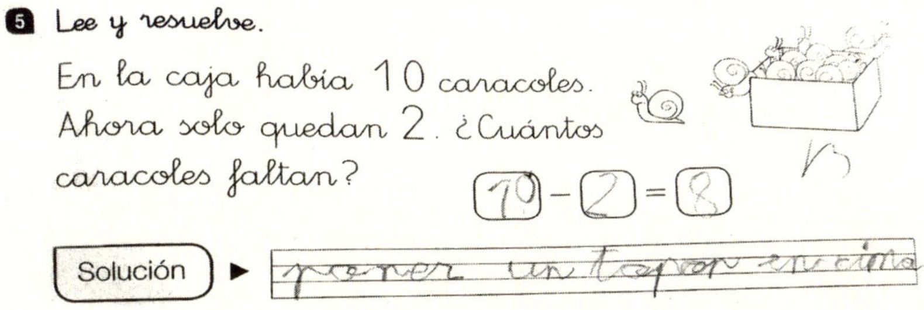


Por suerte, el alumno/a rellenó también los cuadros superiores, porque podría haber rellenado solo la solución y presumiblemente el profesor/a le hubiera puesto «M» de «Mal». De hecho, su subconsciente le hizo escribir la calificación muy arriba, separándose de la solución de abajo y poniéndola en un lugar más cercano a la operación numérica. El alumno/a tuvo la habilidad de contestar paralelamente, con hemisferio izquierdo arriba y derecho abajo. Pero quizá podría decirnos, en un aparte: «Pero la solución es la de abajo realmente».

Toda hija o hijo con predominancia de hemisferio derecho (8-9 de cada clase de 25, es decir, un 34%) y todo hijo/a con lateralidad cruzada (5-6 de cada 25: el 22%) tiene pensamiento predominantemente divergente, es decir, un 56% de los hijos/as. Pero también los de alta capacidad (el 2,28%), y los que siendo muy inteligentes (entre 95 y 120-125 de cociente intelectual), que no se agrupan entre los de alta capacidad aún por poco. De modo que en total suman un 58,28%, es decir, la mayoría.

La solución de la vida y de los problemas que la conforman desde su esqueleto pasa por ver los problemas que parecen tener difícil solución de una forma distinta, pero acertada. Y entonces todos ganan si siguen la forma de solucionarlos que el pensamiento divergente aporta para el progreso que más necesitamos.

# 33. LIBERTAD: UN BÁSICO OLVIDADO Y DIFÍCIL

«La libertad del otro es mi libertad», dijo el dramaturgo y filósofo francés Gabriel Marcel. Parafraseándolo, podríamos decir: la libertad de nuestros hijos es nuestra libertad.

La libertad es una de las notas propias de todo ser humano que le hace más profundamente humano.

Con ella, maniobra su navío en el tiempo, adquiriendo virtudes y esquivando defectos. Es lo que nos hace alcanzar la felicidad más alta, conmover a Dios. La libertad es con lo que podemos esquivar nuestro yo constante y tenaz, entregándonos a algo superior a nosotros mismos que nos otorga felicidad.

La libertad no es no tener a quien obedecer, sino elegir a quién obedecer voluntariamente, sin dependencia ni esclavitudes, sino por querer puro, amor, voluntad innecesaria y propia.

Libertad es dominio de sí mismo o sí misma para ceder a veces el dominio a quien uno más quiere, cuando se quiere más a alguien que a uno mismo.

Libertad es elegir sin coacción a quién entregar lo que se es: razón y corazón. Por eso la libertad está tan relacionada con el amor.

Ser libre no es liberarse de la realidad, sino hacerse cargo de ella y aprovecharla en beneficio propio y de los que más se quieren.

Nuestra vida está llena de limitaciones, nadie sensato o experimentado puede dudarlo. Pero la libertad no consiste en eliminar las dificultades, los problemas ni las limitaciones, sino elegir por qué superarlas o sobrellevarlas si no se logran superar.

Pensemos que algunas veces, en realidad, cuando sentimos falta de libertad, sentimos falta de amor: de otro o nuestro propio. Podemos pensar que somos esclavos o víctimas de un contexto poco favorable, que lo es en verdad, se nos olvida lo que podemos hacer por salir de ese contexto y desperdiciamos la libertad entregándola por algo que no es en verdad amor. Por una razón natural que justifica ponerla en juego. Por eso no es posible amar sin libertad, ni ser libre sin amar. Y por eso se engaña quien diga que ama y al tiempo no asegura la libertad del amado/a, con la propia vida si es necesario, con la renuncia de sí mismo/a, y con la tolerancia y aliento incluso de la mayor contradicción. Quien ama prefiere que el amado le contradiga antes de que no sea libre. Esto vale para cualquier amor: el de amigo, el de amantes o el de padres/madres con los hijos/as.

Uno de los errores más extendidos sobre la libertad es confundirla con la variedad de opciones. Se piensa a menudo así que, a más opciones, más libertad. Pero un ludópata no es más libre a más opciones para jugar. Ni los que frecuentamos centros comerciales somos más libres porque haya más productos, cuando en realidad el establecimiento decide qué ponernos de oferta gancho, qué ponernos a primera vista en el lineal y cómo influir en nuestra decisión de compra. En la frutería de un barrio, con menos productos, se ejerce mejor la libertad a veces.

Nuestra libertad es en verdad autónoma e independiente de las opciones que se nos presenten. Está hecha de nuestra capacidad de aceptar, asumir o no, asentir adoptar y decidir la razón de todo.

La libertad es un tesoro que se guarda en el interior más profundo de cada ser humano, un lugar inviolable. Por eso la libertad no se puede arrebatar: se entrega o no se entrega, sin más.

Siempre me conmovió la carta de un soldado nazi que desde Auschwitz relataba a un amigo de la familia cómo era fácil hacer que un judío que servía en su casa le besara la bota de soldado alemán, pero que lo que le fastidiaba era no estar seguro de si conseguía que se sintiera verdaderamente inferior. Y es que podemos vernos obligados —nuestros hijos/as también— a perder opciones, o encontrarnos haciendo algo que no deseamos, pero hemos de enseñar a nuestro hijo/a, haciéndolo nosotros también, a luchar por salir de esa situación y, si es imposible, atesorar nuestra libertad en el fondo inviolable de nuestra intimidad y no asumir o aceptar íntimamente a lo que nos obligan.

Etty Hillesum escribió antes de morir en Auschwitz:

> *Por todas partes se ven carteles en los que se prohíbe a los judíos transitar por los senderos que conducen al campo. Pero encima de ese poquito de carretera que nos queda permitido, se extiende el cielo entero. Tenemos todo el derecho de estar de vez en cuando tristes y abatidos, porque nos hacen sufrir. Y, sin embargo, la verdadera expoliación nos la infligimos nosotros mismos. Dentro de mí, el cielo se despliega tan grande como el firmamento.*

La libertad es así de seria porque es así de grande y hermosa. Asegurar que enseñemos a nuestros hijos/as a ejercerla y soportar la contradicción que conlleva merece la pena, porque es una enseñanza que solo los de los mejores padres y madres se aprende.

También compete a los padres y las madres buenos enseñar a los hijos/as, con paciencia y confiando una y otra vez —como vimos—, que, si los hijos/as huyen de la responsabilidad que conlleva la libertad, es solo porque no tienen suficiente experiencia de responsabilidad, ni de libertad, por tanto. Porque la responsabilidad conlleva satisfacción.

Hemos de animarlos a comprometerse con sus decisiones. Si retrasan un compromiso más de lo prudente —y lo que sea lógico según la naturaleza de la decisión— argumentando querer ser aún libres, la corriente de las circunstancias les arrastrará con sus consecuencias.

Los hijos y las hijas —más hoy— necesitan de sus padres aprender que libre es quien acepta también la realidad de quiénes son, cómo son y dónde están, la realidad también de sus padres, imperfectos, que los aman, pese a sus imperfecciones. Porque son imperfectos, pero no tontos ni malos; y por eso nunca dejarían de amar a alguien tan valioso/a y amable —que se puede amar— como él/ella. Necesitan de sus padres aprender que solo se puede amar de verdad la realidad como es. Por eso, el amor es libre y gratuito. Necesitan aprender que solo se ama de verdad si se ama también lo imprevisto. Que el amor conlleva renuncia de lo que no es amor: a mayor renuncia voluntaria de lo que no es amor, mayor libertad y mayor amor.

La propia libertad es el gran medio para amar, llegar a la realidad y vivir la felicidad que crece y se contagia. Si la libertad alguna vez parece un fin en sí misma, probablemente detrás de esa supuesta libertad se esconde algún yo insoportable.

Libertad, amor, verdad, todo es lo mismo: sinónimos inseparables que no tiene ninguno límites.

Edith Stein, filósofa y patrona de Europa, muerta gaseada bajo el dominio nazi, escribió:

> *No aceptéis como verdad nada que carezca de amor. Y no aceptéis como amor nada que carezca de verdad.*

Los padres y las madres han de saber, no obstante, que la libertad es un tesoro inviolable incluso para ellos. Un tesoro que han de saber proteger en sus hijos/as. Compatible con la exigencia y la obediencia de los hijos/as a los padres/madres. Porque en su libertad está aceptar interiormente —por bondad y cariño— algo cuyo beneficio no vean en ese momento.

Los padres y las madres también han de tener en cuenta que quien busca la libertad de sus hijos, como quien busca el amor o la verdad, corre el riesgo de encontrarla. No hay que temerle, sino abrazarla. Todo va bien entonces. Aunque la ejerza de forma distinta a como nosotros la ejerceríamos. Eso tiene la libertad. Quizás convenga recordar de vez en cuando que los padres/madres la educan, pero no la conceden, los hijos/as nacen con ella. Tolerar hoy la libertad de los hijos/as a veces es uno de los actos mayores de amor; y es parte de la felicidad de todos mañana.

## 34. QUERERLES ES NO TENER PERSPECTIVA, SINO DEJAR QUE NOS SORPRENDAN

Mucho del estrés que sin darse cuenta se autogeneran padres y madres proviene del hecho de diseñar en exceso la vida de los hijos/as. Se imaginan que con 7 años harán esto o aquello, con 12 lo de más allá. Estudiarán y sacarán buenas notas porque son buenos y ellos también. Luego harán una carrera universitaria o desempañarán sin estudiar más allá de la ESO un trabajo exitosamente. Más tarde conocerán a alguien que les hará emanciparse con seguridad y futuro afectivo. Y entre tanta proyección, la realidad —a veces a los 7 años, pero otras veces a los 12, 17 o 27 años— se muestra tozudamente empeñada en llevar la contraria de tantos bienintencionados sueños, deseos por el bien de los hijos/as casi nunca propios, es verdad, pero deseos al cabo y proyecciones sobre la vida ajena de los hijos/as que uno no puede gobernar. A menudo la propia vida se manifiesta ingobernable, cuanto más la de otra persona, por muy hijo o hija que sea.

Querer a un hijo o a una hija es quererle con su libertad, sus errores, sus aciertos. Enseñarles lo necesario para que cometa menos de los primeros y más de los segundos, pero por ellos/as mismas, sin manipulación, con la ayuda de la orientación que preserva su autonomía, libertad y responsabilidad, con nuestro acompañamiento, con nuestro consejo si se quiere o si es requerido.

Quererles por tanto conlleva no diseñar su vida como si fueran manipulables, marionetas que para vivir bien o acertar necesitaran ser llevadas, obedecer y no vivir por sí mismos/as. Nuestra educación de padres y madres que aman es más perenne, perfecta y paciente: consiste en enseñarles a vivir para que vivan por ellos/as mismas, felices, acertando, libremente. La obediencia hace acertar, pero conforme se crece, con la madurez, la felicidad exige autonomía y mayor ejercicio personal de la libertad, así como el concurso voluntario del resto de potencias y cualidades personales. Acertar siendo libres de hacerlo nos conecta con la satisfacción primero y con la felicidad si el acierto es profundo.

Dejar que los hijos/as sorprendan y no estresarse cuando aún parece que nada está en orden es un hábito de los padres y madres que saben querer más profundamente a sus hijos/as de lo que ellos/as mismas se quieren. Un hábito que nace del cariño y la confianza en la inteligencia y bondad de un hijo/a que ha visto los desvelos de su madre y su padre. Darles autonomía no genera estrés, solo más errores necesarios y experiencia vital, oportunidad de gobierno: una necesidad de la felicidad. A más libertad promovida por los padres/madres, más fácil se hace la obediencia a esos padres/madres, porque hace quedar mejor al hijo/a y les genera más satisfacción.

Hasta que se consigue esto, empecemos por no diseñar con demasiado detalle nuestros propios sueños respecto a quienes no somos nosotros ni nuestra posesión, sino mucho más, nuestros hijos/as, personas únicas, que aún no han vivido una vida que no está determinada por nada ni nadie, y que harán a cada paso y rectificación de cada paso dado erróneo, si Dios quiere. Y no nos estresemos, recordando que lo que parece que está torcido a menudo en verdad está en perfecta simetría y paralelo a las guías de padres y madres:

## 35. EMPIEZA POR UN PRINCIPIO EXITOSO Y SUFICIENTE

No te estreses. Empieza solo por algo. Por lo más fácil y posible. Busquemos un éxito probable. Algo que te provoque satisfacción, aunque sea pequeña, pero clara. Designa un objetivo asequible. Céntrate en él, busca unos medios proporcionados, suficientes para que te llene el logro, pero también fáciles, posibles y asequibles. Solo existe ese pequeño objetivo, lo demás no es asunto tuyo, por el momento. Cuando lo logres, celébralo y entonces será el momento de seguir con un segundo objetivo igualmente fácil, asequible y posible.

Hazlo así e intenta enseñarlo a tu hijo/a.

Si el problema es compacto, grande, y parece inabarcable, entonces obsérvalo hasta encontrar en él un resquicio por donde romperlo en porciones más pequeñas, o consulta si sigues sin ver resquicio alguno, a alguien que pueda ayudarte a encontrarlo, porque todos los problemas son compuestos y por tanto se pueden descomponer. El problema en sí es una acumulación emocional siempre, se trata de analizar racionalmente sus partes, hasta dividirlo en una primera parte asequible.

Si alguien desea de verdad solucionar un problema, y necesita resolverlo vitalmente para su verdadera felicidad, el problema se podrá resolver con más facilidad de lo que impresiona al inicio, antes de empezar a resolverlo. Cualquier roca parece más compacta de lo que resulta cuando se analiza de cerca.

Nadie se deja de comer un filete, por grande que sea, si tiene hambre de comérselo.

Por hambre que se tenga, nadie es capaz de comérselo en una sola pieza. La clave es trocearlo en porciones tan pequeñas como sea necesario según nuestras circunstancias en el momento de tenerlo que comer. Con hambre de solucionar un problema, el problema se acabará comiendo y desapareciendo, alimentándonos para seguir viviendo y resolviendo problemas, comiendo cuantos filetes sabrosos nos presenten, porque vivir es resolver el problema de la vida y disfrutar haciéndolo, haciendo posible lo que parece imposible si se observa todo en conjunto; haciendo asequible lo que nos estresa pareciendo inabarcable; y haciendo fácil lo que se desmenuza hasta que cada porción resultante lo sea en verdad.

## 36. ENSÉÑALE LO QUE MÁS LIGA Y APRENDERÁ A HACERLO BIEN A SU MODO

Ahora más, que los hijos/as han de navegar por mares de muy diversas corrientes y cruzando firmes por triángulos de las Bermudas inesperados y de lejana localización de casa, es preciso que los padres y madres les enseñen a ligar. A ligar con el resto de las personas, en el grado que deseen. A parecer atractivo/a cuando lo deseen o cuando lo necesiten. Y a dejarse atraer cuando lo quieran, lo necesiten y les convenga.

Para ello es preciso enseñarle, si es posible con nuestro ejemplo de admiraciones, qué es lo que más atrae de una persona y por tanto lo que les haría ligar más y mejor.

Pero antes será bueno que un padre o una madre le explique la relativa importancia de la primera impresión natural. Una persona les cae bien o mal en los primeros treinta segundos: con tan solo una primera impresión. Pero esa impresión es primitiva, depende de que la forma de su mandíbula se asemeje o no a la forma mandibular de quien más cariño recibió en el primer año de su vida tras el nacimiento (habitualmente su madre, con la que siente una vinculación anterior íntima durante los 9 primeros meses de su vida; o en su defecto, quien haga sus veces). De forma que, si se parece a la persona que mejor cariño le transmitió los doce meses después de su nacimiento, les cae bien directamente. Mandíbulas, primeros meses… algo muy primitivo. La inteligencia humana, la empatía, la sensibilidad —es decir, los componentes menos animales y más humanos— realmente entran en juego pasada esa primera impresión primitiva y damos más oportunidad a las personas, que son más que mandíbulas.

Por tanto, la primera impresión les dirá mucho, algo importante afectivamente para ellos, pero muy poco respecto a una relación personal real.

Teniendo claro esto, entonces han de tener en cuenta qué es lo que en verdad atrae más a una persona de otra, desde los 9 años hasta los 90:

— *Personalidad:* Atrae que el otro/a sea capaz de nadar contracorriente, tenga criterio propio, sea más coherente que la mayoría de los demás compañeros del grupo, pueda ser él o ella misma en cualquier circunstancia, porque pondrá resistencia para ser arrastrado por otros a los que desea contentar pero no al precio de renunciar a lo que es en realidad, a cómo es, lo que piensa, siente, desea, quiere, ama, busca, espera y tiene, su familia entre otras muchas cosas.

— *Optimismo:* Atrae que ante los problemas actúe con serenidad, con sentido positivo, que no se achante, que no se derrumbe ante los obstáculos, que no huya, sino que observe los problemas, las circunstancias adversas, con ánimo constructivo. Si los puede solucionar, buscando soluciones; si no sabe cómo solucionarlos, al menos esperando que el tiempo sea quien aclare la situación, pero sin venirse abajo o caer en pesimismo, derrotismo quejoso, echando la culpa a otros o sintiéndose constantemente incomprendido. Quien demuestra esperanza, porvenir, convicciones altas, mismas creencias y deseo de progreso, mejora y de mayor felicidad.

— *Generosidad:* Atrae quien no va a lo suyo; quien se ocupa de los demás, quien, con alegría, naturalidad y sin victimismo cede su puesto, cuida de un abuelo, abuela, madre o padre, hermanos/as...; quien con orgullo pone su vida y sus cualidades al servicio de la felicidad o el cuidado de otros; quien es empático, sabe que no es el centro del universo y se hace fiable; porque estar a su lado es seguro, en lugar de peligroso.

Procurar repetir actos que graban en ellos la satisfacción de quien tiene personalidad, es optimista y generoso y reconocérselos es una necesidad de todo hijo o hija más hoy que nunca. Por el contrario, que un padre o una madre admire modelos sin personalidad, optimismo ni generosidad, desorienta a todo hijo/a que busca ser feliz de verdad.

Esto sucede sin reparar en la huella que suele dejar, por ejemplo, si el padre o la madre admira y alaba en público a negociantes enriquecidos, por su riqueza en lugar de por su personalidad, generosidad y optimismo ante las dificultades. Deberían los padres/madres obviar la riqueza en sus halagos, que a veces parecen ante los hijos/as estar causados por la envidia que genera en los padres su situación de bienestar económico y su ostentación.

Los hijos/as aprenden pronto qué valoran más sus padres/madres del resto de las personas, y aplican ese modelo como confirmación de las auténticas aspiraciones. Sin querer, suelen tender a imitarlos. Al revés, en sentido positivo, ocurre igual.

Aprovechar la infancia y la adolescencia para proponerle nuestra red de alabanzas y admiraciones se convierte en una oportunidad única, afectiva y profunda.

# 37. EL ÁNIMO ES LA GASOLINA DE LOS RESULTADOS Y LOS RESULTADOS DAN GASOLINA Y ÁNIMO

Los hijos/as de hoy menores de 35 años resisten mal el fracaso, incluso ante la mera duda de no lograr el éxito que desean.

Cuando un niño/a o adolescente de su generación se encuentra un obstáculo, su reacción primaria es huir, abandonar el obstáculo, aunque para ello sea preciso abandonar el objetivo. Parecen decirse, engañándose: «Quiero esto, pero me supone superar aquel obstáculo, así que lo más fácil y aparentemente exitoso será dejar de quererlo en este mismo momento».

Se han acostumbrado la mayoría de los hijos/as a huir de los obstáculos. A cambiar de objetivos, de principios, negando la realidad incluso si fuera necesario para evitar el obstáculo que se le presenta improbable de superar; antes de intentarlo en serio con esfuerzo y habilidad, dejándose aconsejar sobre cómo hacerlo por alguien que ya lo superó.

Solo si se encuentran asediados por obstáculos distintos, y resulta imposible huir de todos, entonces suelen escoger el menor de ellos, y en función del camino, eligen el final al que se dirigen. Lo que suele llevarlos a lugares parecidos a lo que desean, pero que no acaban de satisfacerles del todo. La apatía y el desánimo entran con facilidad en una rutina de hastío que han provocado. Entonces divertirse nunca llega a ser completamente divertido, estar con gente no llega a llenarles del todo y no estar con ellos tampoco, ir a un sitio no llena como esperaban y cambiar de destino tampoco. Una espiral de desaliento que los padres y las madres pueden ayudar a evitar. ¿Cómo?:

— *Diciéndole al cabo del día más cosas positivas que negativas.* Manteniendo con él/ella más segundos de conversación sin agresión que con ella, pese a su aparente actitud de indiferencia, que es una postura adolescente necesaria de protección y no se debe malinterpretar.
— *No reírse nunca de su inmadurez,* su inexperiencia o inoportunidad.
— *Proliferando en sus aciertos* la profundidad del reconocimiento del padre y la madre o educador, más que con palabras, mediante gestos de satisfacción (miradas pensando lo muy satisfecho que se está de que él/ella sea exactamente como es; lo que se percibe e influye mucho más de lo nadie imagina). Las alabanzas nunca hacen daño: son la cura de toda vanidad de hecho. Si le aprecia su padre y madre, no se verá obligado/a a defender su bondad ante ellos ni se sentirá más reconocido fuera de casa que dentro de ella, como es necesario y conveniente al ser humano siempre, y especialmente en crecimiento.
— *Exigiéndole horarios y tareas en casa que no corresponden a nadie en concreto,* sino a todos a su modo y según su disponibilidad, adaptándolas a su edad. Exigir es educar y educar es querer: exigir es querer, y así dicen entenderlo todos los adolescentes que he conocido, aunque les incomode ser exigido.
— *Enseñarle con nuestra alabanza y ejemplo que hay cosas que no le apetece y, sin embargo, quiere*; por las que merece la pena superar la apetencia. Que lo han hecho ya de hecho muchas veces. Se trata de una experiencia vital, que, si falta, conlleva muchas consecuencias negativas respecto a su voluntad, la eficacia, la libertad y la felicidad.
— *Ampliar nuestro vocabulario emocional,* utilizado con precisión en la medida posible, ante él o ella.

— *Reconocerle* los problemas que ya ha solucionado.
— *No utilizar a la gente*, tratando mejor a aquellos de quienes el padre o la madre pueden sacar más provecho e interés. Sentirse satisfechos de hacer el bien a las personas, aunque no se diga: pensarlo, eso lo detecta un hijo/a mediante su sensibilidad a la comunicación no verbal.
— *Hacer saber a los hijos/as que tienen más de lo que saben.* Pensando los padres y madres que ellos/ellas tienen también más de lo que saben como padres y madres.
— *Aprendiendo a respirar con profundidad*, pensando que las cosas pasan: si hay tormenta, descargará y se irá, y la tierra germinará más rápidamente la semilla que se sembró.
— *Rodear de emociones y sentimientos los esfuerzos* que le conviene hacer. Pensar, al menos, en el alivio si se consigue la meta.
— *Asegurarse de que sabe dar el primer paso* pequeño.
— *Pensar racionalmente* las posibilidades reales cuando se encuentra la primera duda sobre el logro del objetivo.
— *No sustituirle* en los esfuerzos que ellos/as han de hacer en sus objetivos.

Motivar a alguien no es animarle, es demostrarle que ya ha hecho cosas difíciles que otros no han hecho y ha podido por su valía. Por eso la verdadera motivación es indicarle cómo lograr el primer paso exitoso; en ese primer pequeño triunfo con sabor a grande es donde se tomará la gasolina que se necesita para seguir avanzando.

Solo ha de poner todo el esfuerzo en un paso pequeño, el resto de los pasos los dará después con la gasolina y el ánimo tomados de ese primer triunfo, que es el único objetivo real. Muchos no inician lo fácil por temor al esfuerzo que tendrán que seguir haciendo tras el primer paso, ignorando que la fuerza para conquistar lo imposible aguarda escondida tras la conquista del paso posible que le antecede.

# 38. CUSTODIA COMPARTIDA O VETE A TOMAR UN VINO

Muchos niños, niñas y adolescentes de hoy tienen su custodia —por dictamen judicial o acuerdo— compartida entre un padre y una madre —u otros— que ya no están juntos. Es un motivo más de estrés para padres, madres, hijos e hijas.

Un estrés que hay que saber atender para rebajarlo también. Convendrá a este respecto tener en cuenta que quien tiene menos experiencia de estrés es el hijo/a, y por ello suele verse más afectado en conjunto, aunque particularmente haya días, muchos días, en que cualquiera puede sorprenderse viéndose desesperadamente desbordado.

«*Es muy duro y me pone muy nerviosa tener que ser yo quien tiene que hacer que todo esté bien, para que nadie se enfade y todos nos llevemos bien*», me dijo una niña de 9 años, con tres hermanos, dos de su madre y el novio de su madre y un bebé de su padre y la novia de su padre.

Para intentar ayudar a todos los que pasan, junto a cada uno/a por esta situación que hay que vivir con la mayor deportividad posible —como quien entrena saltando vallas y lo ha hecho una rutina con sentido y porqué—, podríamos decir que se sale ganando cariño, felicidad, y rebajando estrés —tanto el excónyuge que lo practique como los hijos/as— si se procuran los siguientes consejos:

— Nunca hablar mal del otro u otra, por muchos motivos que se tengan.

—Olvidarse absolutamente de si en la otra casa o familia a la que va el hijo/a alternativamente se educa contradictoriamente, incluso radicalmente de forma opuesta. El hijo/a aprende —como parte de la adaptación a la situación de sus padres y suya en medio— a hacer división en su educación, afecto, forma de estar y aprender. Se adapta mejor si no creamos más conflicto del que él/ella aprende naturalmente a digerir.
—Soportar y no alterarse cuando el hijo/a finja —y lo hará muy a menudo— que se lleva mejor en muchas cosas con el otro/a, o que se siente más querido, cómodo, o que allí se hace algo mejor que en la casa donde está en ese momento. Si lo hace es buscando otro fin, no es del todo cierto. Solo lo hace porque espera una reacción por parte de quien está presente y cree estar seguro de que puede conseguirlo así, porque se siente firmemente querido por él o ella. Como en el fondo le hubiese gustado que todos estuviesen felices en la misma casa, en una de ellas echa en falta algunas o muchas cosas de la otra, pero pasa también al contrario cuando está en aquella.
—Tener siempre en cuenta que los niños/as que no se sienten queridos nunca dicen que no se sienten queridos. Solo lo dicen para provocar una reacción de cariño.
—Recordar que exigir es querer, por tanto, evitar toda sobreprotección o compadecerse de su situación.
—Tampoco compadecerse uno mismo, consumiendo en compras, caprichos u otros modos de compensarse o evadirse.
—Nunca echar en cara al otro/a algo que ha hecho o dicho con el hijo/a. No merece la pena, y crea estrés y mayor desajuste en el propio hijo/a.
—Confiar en la madurez personal del hijo/a, tenga la edad que tenga.
—No utilizar al hijo/a para que el otro se sienta mal.
—No mandar recados al otro/a a través del hijo/a que no se atreverían a mandarle por otro canal (*email* por ejemplo, Whatsapp o personalmente).

—No rebajar la educación en casa por competir con la educación recibida en la otra, no caer en la tentación de no exigir en algunos terrenos —como amistades, comidas, hábitos por ejemplo—, si son importantes, a cambio de no discutir: sería un pacto corrupto de malas consecuencias para todos.
—Demostrar con la vida que se perdona, se respeta y se puede intentar ser feliz en toda circunstancia.

Pero junto a los padres y las madres que mantienen una custodia compartida judicial o pactada de los hijos, hay otros muchos que lo que mantienen es una custodia compartida funcional. De modo que los miércoles, viernes y domingo o sábados en el fútbol están los padres con los hijos/as y los lunes, martes y jueves están con la madre; o por horas: con el padre están de 20.30 en adelante, por ejemplo, y con la madre de 15,00 a 20.00; o cualquier otra combinación que se repita y haga hábito al cabo de muchas semanas o meses. En este caso, aplíquese los consejos antes dados para la custodia compartida judicial o pactada, con la ventaja de que el hijo/a duerme en la misma casa y la convivencia quizá sea más fácil.

Y si no es el caso, porque no hay separación del padre y madre, ni legal ni funcional permanente, entonces disfrute de su custodia conjunta y váyase a tomar un vino primero con su marido o mujer, piense que los hijos/as en realidad están en una escala por debajo del cónyuge en atención y afecto, para bien de los hijos/as, grandes beneficiados de esto en todos los ámbitos. Un hijo/a necesita saber que el reinado de su casa lo tiene su madre y lo ejecuta su padre y ellos tienen otro lugar excelso, también feliz, pero de menos decisión por el momento. Y disfrute del vino con su mujer o su marido, se lo tienen más que ganado.

Después, para rematarlo, otro día, los dos juntos, disfruten llevándose a sus hijos/as a tomar también algo en un lugar sin estrés, sin nervios a flor de piel ni prisas: ellos sin alcohol, claro.

# 39. SERENIDAD Y BUEN HUMOR

No suele pasar gran cosa, pero cuando pasa, tampoco pasa tanto como se temía.

—*Dime, papá* —le pedí a mi padre, psiquiatra y pediatra, el día que iba a hacer mi examen de Selectividad, Acceso a la Universidad—, *dame un último consejo, que me voy al examen, para controlar los nervios (el estrés).*

—*¿Nervios por qué? ¿No es solo un examen?*

—*Sí, pero un examen del que depende que entre o no en la Universidad. Mi futuro.*

—*No te preocupes, hijo. Por muy mal que te salga, como mucho sacarás un 0. Cuando vuelvas a casa tu madre habrá hecho la misma comida, y comerás sentado con todos a la mesa y tendrás tu cama y tu techo igual que hasta ahora, y todas las personas a las que quieres y te quieren te seguirán queriendo, o incluso más, y después de esta noche, mañana saldrá el sol de nuevo y lo hará por el mismo sitio… Así que no debe ser tan esencial ni importante eso del examen, cuando no cambia nada de lo verdaderamente importante. No estés nervioso, ve y hazlo tranquilamente, sabiendo que no puede pasarte nada verdaderamente irreparable hoy en el examen.*

Recuerdo este consejo cada vez que me enfrento a algo que aparentemente es importante. Entonces miro a mi mujer ahora, a mi cama, mi techo, mis hijos y mi padre, pienso en mi madre —en el Cielo—, en mis hermanos, mis cuñados, el resto de familia, en mis amigos, miro al sol y los árboles de la puerta de mi casa y digo: «No puede pasarme en realidad nada verdaderamente irreparable hoy».

Y si pasara —como la muerte de un ser querido—, habría entonces que activar una verdad superior: lo vivido junto a él o ella, el agradecimiento por todo y la esperanza del mismo Cielo de mi madre.

Pero, quitando eso, en educación nunca pasa nada irremediable: nunca.

Para lograr esta rebaja de estrés y poder abandonar los nervios en manos de la serenidad que los calma, es preciso acostumbrarse a enfrentarse a cada obstáculo de la vida, a cada despertar incluso, con el buen humor de los que han aprendido que nunca pasa nada, y si pasa, tampoco pasa tanto como se temía. Empezando por pensar en el consejo de mi Selectividad, que vino de un buen psiquiatra.

# 40. HOY *STOP*, MAÑANA *PLAY*

Rocío es una chica andaluza a la que admiro profundamente. A sus 19 años me ha enseñado tanto que mi agradecimiento no ha dejado de aumentar desde que la conocí con motivo de sus estudios. Ante un aparente fracaso temporal de esos que solo provocan crecer y sacar lo mejor de uno mismo o derrumbarse antes de la victoria final, me escribió contándome su desesperación. No tenía fuerzas para seguir en aquel momento. Luego sí las recuperó, claro, como siempre. Es una superviviente modélica y no se le resisten los objetivos, aunque los labra con mérito.

Yo le expliqué que, a mi juicio, no era momento de desinflarse, sino de descansar una semana, hasta el final del mes y que todo estaba más en orden de como lo veía ella. Mantuvimos un intercambio prolongado de whatsapps. Empecé yo:

*—No toca ahora preocuparse. Estás viendo un fragmento solo del cuadro completo.*

*—Si no me preocupo ahora, entonces ¿cuándo?*

*—Ahora no, que solo estorba. Ya cuando estés totalmente aprobada, entonces lo haces si quieres.*

*—Entonces, ¿cuál es el plan?*

Seguimos intercambiando mensajes y acabó diciendo:

*—No sé qué hacer.*

*—Ahora nada de nada. Pasea y descansa. Mañana empezamos y te digo cómo. Hablamos mañana por la tarde a ver cómo vas cuando hayas cogido algo de gasolina, pero hoy nada.*

*—Vale, voy a ponerme y haré caso de todo lo que me manden hacer.*

*—Ahora no. Ahora stop y mañana play.*

*—Ok.*

Aprobó al final. Estaba cantado.

Ahora *stop*, mañana *play*. Funciona siempre que uno está agobiado y ese no sea el momento de comenzar a librar una batalla que exija cinco sentidos, esfuerzo, aptitud, constancia... La fuerza que no se tiene, pero que vuelve cuando se descansa y limpiamos el conducto obstruido por el estrés y el desánimo. Tomar distancia. Coger aliento. Descansar es tan importante antes de un esfuerzo grande como el esfuerzo mismo. Ahora *stop*; para mañana *play*. Volver al trabajo con mayores posibilidades de lograr la conquista.

Si te estresas, párate —*stop*—, en seco. Aunque sea en mitad de la calle. Disimula sentándote en un banco si hace falta. Respira y espera 5 minutos sin hacer nada y pensando en nada propio, solo observando algo ajeno que pase, sin importancia. Espera otros 5 minutos. Levántate y continúa haciendo solo una cosa.

La vida es así, *stop* y *play*, *play* y *stop*. Muchos lo hacen al revés: primero le dan al *play*, sin reflexión o sin fuerzas, y después, tras la frustración del intento por haberlo reflexionado insuficientemente o por no haberse aprovisionado de fuerzas, antes de acometer la empresa, entonces le dan al *stop*. Y es que en verdad lo más humano es hacerlo al revés: primero *stop* y después *play*. Primero paramos, reflexionamos sobre qué hacer, por qué y para qué, y segundo cogemos fuerzas, atesoramos las reservas que el esfuerzo inmediato nos pedirá, y rebajamos así el estrés que nos impediría acertar, concentrarnos y disfrutar de la satisfacción de avanzar. Solo después estaremos en condiciones de iniciar el trabajo con la claridad y el esfuerzo necesarios. Solo entonces, sin estrés, debemos darle al *play*. Especialmente si lo que queremos conseguir es importante. Lo importante se logra más plenamente, con más detalle, sin estrés.

# EPÍLOGO
# MENOS TRABAJO Y MÁS DESCANSO

## Los padres/madres deberían tener más descansos y los hijos/hijas también

Los padres y las madres de hoy se ven impulsados cada día por más necesidades de urgencia. Se levantan —a menudo habiendo descansado mal o poco— y, desde un desayuno más aprisa de lo que sería deseable y menos disfrutado, sigue una agenda vertiginosa esperando que llegue la parada de la comida. La prisa, la intención de rendir más, ser capaz de abarcar más cosas, reduce la necesidad de paradas para descansar, pararse a disfrutar o a reparar sus desajustes del equilibrio provocado por la prisa.

La actividad se hace cada vez mayor en menor tiempo. La agilidad aumenta y la actividad no mengua, sino que, si genera algún hueco, permite hacer alguna cosa más que quepa en la agenda de la mañana o de la tarde. Pero la rapidez disminuye la profundidad y el descanso entre cada cosa que se hace. La actividad se continúa con actividad y se rompe la secuencia humana natural de actividad-reposo-actividad, cambiándola por la acción-acción, sin espacio para el descanso suficiente, la concentración o pensar mejor antes de cada actividad. A menudo solo se para lo estrictamente necesario para poder seguir haciendo más cosas.

Cuando llega la noche, tras la cena, toca descansar. El cuerpo avisa de que está al límite, y entonces:

— Hay quienes aún le piden más actividad laboral o doméstica.

— Hay quienes se disponen a descansar entre dos modos:
   — Sin dormir, uno le da vueltas a la cabeza, sin lograr descansar de verdad, por la tensión emocional acumulada (el estrés) durante el día.
   — Durmiendo sin profundidad por la misma tensión acumulada, siendo frecuentes las pesadillas y el poco descanso.

En los dos casos, al levantarse, no se ha descansado como se necesita y un nuevo día comienza con la sensación de que algo se escapa entre las manos: el tiempo, si no la vida. Uno se acostumbra a esperar un periodo de descanso más largo para poder descansar de verdad lo suficiente, no bastante el fin de semana ya está también cargado de actividad estresante. La salud se resiente, el estrés se instala, se hace crónico y el rendimiento de lo que se hace disminuye, la sensación de satisfacción baja. Primero se ansía la llegada de las vacaciones de Navidad, si se disfrutan de días, luego la Semana Santa y por fin el verano, más largo. Así, el verano cada vez más es la auténtica realidad de lo que somos y de cómo es nuestra familia, lo que hacemos en sus vacaciones dice mejor lo que queremos, cómo somos entre todos, y el resto del año una impostura, que espera el verano de nuevo.

Se ha roto el ritmo natural del descanso: actividad-descanso-actividad, y entonces el nuevo ritmo que lo sustituye alimenta un mayor cansancio, inestabilidad, desacierto, insatisfacción, frustración, complejo de culpabilidad: desequilibrio personal y familiar. Pero el estrés tiene dos causas:

— La actividad exterior sin descanso.
— La poca actividad interior del ser humano.

Generalmente nuestra sociedad, quizás porque concede primacía a la productividad resultante de la actividad sobre la persona que lo produce, ha sobrevalorado la acción, e incluso hay quienes presumen de agenda o de movimientos, tener que viajar para trabajar a grandes distancias, por ejemplo. Esta sociedad, desde hace tiempo y al menos hasta ahora, ha extendido la consideración de que aprovechar el tiempo es hacer cosas. Por eso el más habilidoso parece que es quien logra hacer más cosas consiguiendo engañar a su cuerpo y mente para que soporte menos descanso.

Muchos creen, fruto de un convencimiento tan erróneo como compartido, que parar y descansar no es ser productivos. Por eso la actividad parece que es una exigencia de la propia vida. Se está más vivo si se sale, se mueve, se hacen cosas, piensan muchos adolescentes aún inmaduros; mientras muchos adultos de edad avanzada piensan tras su experiencia lo contrario: la vida es tomarse las cosas con calma, sabiduría, serenidad, reflexión, observación y disfrute.

Deberíamos salir de este activismo vertiginoso que todo lo quiere invadir, con el que tratamos de resolver los problemas de mañana, más que los de hoy, dejando sin resolver estos.

Nada es posible hacer bien si no nos detenemos a menudo a observarlo. La educación de los hijos/as aún menos.

Debemos aprender a vivir con la agresión continua del ruido, que mina nuestro sistema nervioso y nos estresa desde el sonido de nuestro despertador. Entonces, la fatiga nerviosa se convierte en desequilibrio orgánico porque se agotan las células nerviosas centrales (formaciones reticulares e hipotálamo), los resortes de nuestra energía: nuestra torre de control. Y por eso esta fatiga alimenta deficiencias intelectuales, frustración, angustias, ansiedad, fobias, manías y, para evitar males psíquicos mayores, sabiamente el cuerpo nos lleva al derrumbamiento, la depresión nerviosa, por seguridad, para desconectarnos de tanta actividad, ya que no hemos aprendido a hacerlo voluntariamente. Pero para alguien que desea ser activo para vivir y sentirse útil la depresión es un gran peligro.

Quizás debamos de nuevo aprender a existir.

Lo que es propio de la vida no es la acción, sino hacerla compatible con la felicidad.

La realidad es que aprovechar el tiempo es descansar o, dicho de otro modo, que, en verdad, después de una actividad, aprovechar el tiempo es solo descansar.

Quizás debamos también aprender a descansar juntos.

Padres y madres tienen una actividad intensa asegurada

por la crianza, el cuidado y la protección de los hijos/as, levantándose incluso en alguna etapa de esta durante las noches cada tres horas para darle de comer. Por eso deberían todos aquellos que deseen asegurar una sociedad equilibrada ayudar a difundir la idea y la práctica de que aprovechar el tiempo un padre y una madre es sobre todo descansar; porque ya su actividad es ineludible y lo abarca todo.

Lo mismo podrían decir los hijos/as (niños/as o adolescentes), que tras horas continuadas de trabajo escolar podrían exigir con justicia que le permitiesen aprovechar el tiempo, descansando. Su equilibrio emocional sería mayor, su vida más aprovechada que si le exigimos seguir con más actividad después de la actividad escolar.

Es hora de aprovechar la inteligencia artificial que nos viene, la tecnología, la sostenibilidad, la preocupación por la ecología natural y humana, el deseo innato en el ser humano de caminar más directamente hacia la felicidad completa, para defender el descanso tras una actividad, las paradas que nos permitan ser más que hacer.

Nuestra vida y la de nuestros hijos/as es demasiado hermosa, demasiado valiosa, demasiado única, para perderla haciendo cosas para el mañana, en lugar de otras que beneficien el mundo hoy, desde lo más profundo e interno de cada uno/a, o que le enseñen quiénes somos de verdad y cómo.

Quizás debamos facilitar a nuestros hijos/as ocupar el tiempo en hacer menos cosas que a lo mejor les servirán el día de mañana y hacer más de las que sabemos que les sirven hoy.

Quizás debamos asegurar más tiempo juntos, más tiempo para jugar, ir a sitios a disfrutar juntos, aprender a descansar juntos, haciendo más felices a las personas que queremos y junto a ellas serlo más nosotros/as.

Quizás compense aprender de nuevo a sentirse felices juntos. Lo demás, el activismo, sobra.

Pero incluso tomemos también esto SIN ESTRÉS, incluso el desestresarnos. Hagamos todo solo en la medida de lo posible, asequible y fácil, porque, en nuestro equilibrio, en la educación de nuestros hijos/as y en la relación familiar, como en todo lo importante, HAY QUE DESCOMPLICARSE.

# AGRADECIMIENTOS

A mi padre y a mi madre, a los que
nunca noté el estrés conmigo.
A María, con amor profundo, a la que
sigo aspirando cada día más.
Dios quiera que la conquiste algún
día como ella solo merece.
Y a nuestras buenas hijas y nuestros buenos
hijos, a los que amamos cada día más.